Bibliografische Information der Deutschen Nationalbibliothek:

Die Deutsche Nationalbibliothek verzeichnet diese Publikation in der Deutschen Nationalbibliografie; detaillierte bibliografische Daten sind im Internet über http://dnb.d-nb.de abrufbar.

Impressum:

Copyright © 2016 Studylab

Ein Imprint der GRIN Verlag, Open Publishing GmbH

Druck und Bindung: Books on Demand GmbH, Norderstedt, Germany

Coverbild: ei8htz

Steffen Pilney

Darstellung und Zitation von Gewalt in Quentin Tarantinos „Kill Bill"

2015

Inhaltsverzeichnis

Inhaltsverzeichnis 4

1   Einleitung 5

2   Gewaltdarstellung In *Kill Bill* 8

   2.1   Aufbau und Handlung von *Kill Bill* 10

   2.2   Analyse der Gewaltdarstellung in *Kill Bill* 12

      2.2.1   O-Ren vs. Matsumoto 14

      2.2.2   Kiddo vs. O-Ren 16

      2.2.3   Kiddo vs. Elle 20

      2.2.4   Kiddo vs. Vernita 24

3   Intertextualität In *Kill Bill* 27

   3.1   Übersicht an zitierten Werken 28

   3.2   Zitation von Gewalt 30

   3.3   Der Zusammenhang zwischen Ästhetik und Zitation 33

4   Fazit 35

Literaturverzeichnis 36

Filmverzeichnis 38

Abbildungen 39

1 Einleitung

Der erste Teil des Films *Kill Bill*[1] von Regisseur Quentin Tarantino kommt 2003 in die Kinos, der zweite Teil im Frühjahr 2004. Der Rachefilm mit Uma Thurman in der Hauptrolle wird mit den Worten „Revenge is a dish best served cold" (*Kill Bill Vol. 1*, 2003: 00:00:40) eröffnet. Nicht nur dieses Zitat, sondern auch der Verweis auf seine Urheber, nämlich die aus dem *Star Trek*-Franchise stammenden Klingonen (vgl. Blaseio/Liebrand, 2006: »*Revenge is a dish best served cold.*« ›*World Cinema*‹ *und Quentin Tarantinos Kill Bill.* Seite 17), zeigen uns zwei Merkmale dieses zweiteiligen Films auf: die kalte Rache bedeutet Gewalt[2] gegenüber jenen, die sie erfahren sollen, und das Zitieren der fiktiven Klingonen bedeutet popkulturelle Referenzen. Diese beiden Merkmale lassen sich im gesamten Werk finden und mitunter auch verbinden: so sind nicht wenige Gewaltakte von Filmen anderer Regisseure beeinflusst, zitiert oder kopiert. *Kill Bill*, das vierte Filmereignis von Regisseur und Drehbuchautor Quentin Tarantino (vgl. www.imdb.com, letzter Zugriff am 26.01.2015), lebt von exzessiver Gewaltdarstellung. Besonders auffällig sind die Bezüge zu unter anderen japanischen Samuraifilmen und amerikanischen oder italienischen Western. Ist der Gewaltgrad des Filmes ein Bewertungskriterium der Zuschauenden, sind die Darstellungen und Zitationen von Gewalt für die Filmwissenschaft interessant. Die Analyse dieser Gewaltästhetik bahnt sich ihren Weg über verschiedenen Auseinandersetzungen mit dem Thema der Gewalt im Film, über jene Werke, die *Kill Bill* beeinflusst haben, über die Begriffe der Intertextualität sowie über filmwissenschaftliche Texte über Tarantinos Zweiteiler. Die Gewalt in *Kill Bill* kann unter vielen verschiedenen Aspekten untersucht werden. Einerseits wäre dies die Motivation für die Gewalt, also die Untersuchung der Gewalttätigen, andererseits auch das oder die Opfer der Gewalt, seien es nun bestimmte Gruppen oder eine einzelne Person. Mögliche Analyseansätze der Gewalt im Film gehen dabei mit Elementen der Dramaturgie Tarantinos einher und bilden im Folgenden die Grundlage einer äs-

---

[1] Wenn in der vorliegenden Arbeit von Kill Bill die Rede ist, sind immer die beiden Teile Kill Bill Vol. 1 (2003) und Kill Bill Vol. 2 (2004), welche gemeinsam produziert wurden, dennoch mit mehreren Monaten Abstand in die Kinos kamen, gemeint.

[2] Mit dem Begriff „Gewalt" ist der körperliche Angriff gegen eine Person von einer weiteren Person ausgehend gemeint. Darunter fällt das Benutzen des eigenen Körpers als Waffe, sowie der Gebrauch von Waffen wie Schwertern, Schusswaffen oder sonstigen. Verbale Gewalt ist nicht der Untersuchungsgegenstand dieser Arbeit.

thetischen Untersuchung. Daher soll in der vorliegenden Arbeit Letzteres ausschlaggebend für die Betrachtung der Gewalt in *Kill Bill* sein, der als Film verstanden wird, in dem es kaum unnötige, sondern motivierte Gewalt gibt, welche häufig in bestimmten ästhetischen Mustern dargestellt wird. Diese Muster sind als eine Zusammensetzung aus alter und neuer Ästhetik zu verstehen, da *Kill Bill* viele intertextuelle Referenzen zu anderen Filmen unternimmt, sowohl narrativ, dramaturgisch, auditiv als auch visuell. Ein Zusammenhang zwischen der Gewalt und diesen Mustern soll ergründet werden. Hierfür wird die in einigen ausgewählten Szenen aus *Kill Bill* zu findende Gewaltdarstellung mithilfe gängiger Filmanalysemethoden untersucht, die sich dann auch in diverser Literatur zu *Kill Bill* und der darin enthaltenen Gewalt, respektive Intertextualität wiederfinden.

In der Film- und Kulturwissenschaft ist Tarantinos Arbeit spätestens seit *Kill Bill* als Untersuchungsgegenstand zu finden. Geisenhanslüke und Steltz bringen mit *Unfinished Business. Quentin Tarantinos »Kill Bill« und die offenen Rechnungen der Kulturwissenschaften* (2006) einen Sammelband mit Texten zu *Kill Bill* heraus, in dem unter anderen Blaseio und Liebrand über dessen Bezug zum „World Cinema" (Blaseio/Liebrand 2006: 13) schreiben. Steltz untersucht die Intertextualität bei *Kill Bill*. Über die Ästhetik des Films schreiben Lindemann und Schmidt, daneben ist es Mein, der die Gewalt in *Kill Bill* mit der Kant'schen Philosophie verbindet und Anmerkungen zur Ästhetik liefert. Beide Texte sind ebenso bei Geisenhanslüke und Steltz zu finden. Kaul und Palmier führen in Tarantinos Filme und Filmästhetik ein, während Grabowski mit der Frage titelt, warum in *Kill Bill* so viel Blut fließt. Hickethier (2012) soll mit seiner Anleitung zur Analyse von Filmen beim Ergründen der Darstellungsmethoden der Gewalt helfen. Ein weiteres und interessantes Feld, welches bei der Auseinandersetzung von *Kill Bill* dienlich sein wird, ist das der zahlreichen Besprechungen und Kritiken, Interviews und Statements zu Tarantinos Zweiteiler. Hier lassen sich auch ergänzend diverse Referenzen finden, welche in *Kill Bill* auftauchen. Jedoch muss, den genannten Texten mehr oder weniger folgend, eine Distanz zu *Kill Bill* als einem Film von Quentin Tarantino eingehalten werden. Vielmehr wird *Kill Bill* hier weitgehend ohne die Prämisse ‚Tarantino' betrachtet, das heißt so gut es geht ohne Tarantinos Kultstatus und ohne die Betrachtung seiner früheren und späteren Werke.

Die beiden Merkmale, die aus dem klingonischen Zitat hervorgehen, lassen eine Frage aufkommen: Gibt es einen Zusammenhang zwischen der Darstellung und Zitation von Gewalt in *Kill Bill*? In der vorliegenden Arbeit wird versucht, diese Frage zu beantworten. Der Fokus wird dabei auf die verschiedenen Aspekte der

Gewaltdarstellung gelegt, bevor diese dann mit den intertextuellen Bezügen verbunden werden. Die ästhetische Form der Gewalt, also ihre Inszenierung, ist dabei nur einer der Aspekte. Hinzu kommen die im Film wichtigen inhaltlichen Faktoren der Gewalt, wie ihre Motivation oder ihr Ursprung. Dazu ist es nötig, die ausgeübte Gewalt auch inhaltlich und innerhalb des Filmkontextes zu verstehen, um sämtliche Darstellungsaspekte mit einzubeziehen. Der folgende Überblick über die verschiedenen Auseinandersetzungen mit Gewalt im Film soll zu *Kill Bill* und der Darstellungsaspekte dort führen.

2 Gewaltdarstellung In *Kill Bill*

Es ist nicht leicht, einen in der Literatur über die Gewaltdarstellungen im Film definierten Gewaltbegriff zu finden, da die Gewaltforschung selbst keine eindeutige Definition bietet (vgl. Heitmeyer/Hagan (Hrsg.) 2002: *Internationales Handbuch der Gewaltforschung*). Die Filmwissenschaft betrachtet meist nur die körperliche Gewalt, wenn also eine Person einer anderen Person physisches Leid zufügt und/oder sie tötet. Hierbei sind einige Merkmale zu beachten: Den Zuschauenden ist klar, dass die Gewalt, die sie im Film sehen, keine echte Gewalt ist, sondern nachgestellte, inszenierte. Die Fäuste und Waffen der Personen auf der Leinwand oder dem Bildschirm treffen nur selten, idealerweise aber nicht wirklich auf die Gesichter und Körper ihrer Gegner. Durch bestimmte Schnitttechniken, Kameraperspektiven, Choreographien, Tricktechnik und auch Geräusche entsteht jedoch der Eindruck. Den Zuschauenden ist auch klar, dass keine menschlichen Körper durchtrennt werden, sondern zum Beispiel Puppen oder digitale Kopien. Das Blut, das spritzt, ist Kunstblut, also eine Mischung aus bestimmten Zutaten, die nur wie Blut aussieht. Die Perfektionierung dieser Inszenierungsmethoden bestimmt die Arbeit von Filmschaffenden seit jeher. Filme, die viel Kunstblut erfordern, sind nicht nur Actionfilme, sondern auch beispielsweise Horrorfilme, gerade das Subgenre des *Splatters*. Der sichtbare oder thematisierte Gewaltgrad eines Films ist bei der Zielgruppenadressierung ein bestimmender Faktor. Außerdem ist es nicht nur körperliche Gewalt, die zum Beispiel die Vermarktung eines Films und damit seine Reichweite definiert, auch die verbale Gewalt führt zu höheren Altersbegrenzungen. Betrachtet man die Gewalt in manchen Filmen, kann man mindestens zwischen Gewalt als inhaltlich bedingtes Mittel zum Zweck und Gewalt als Belustigung der Zuschauenden unterschieden werden (vgl. Barg/Plöger (Hrsg.) 1996: *Kino der Grausamkeit*. Seite 4), wenn nicht sogar beides in einem Film oder einer Szene zutrifft. Bei dieser Unterscheidung spielt auch der Realismus eine Rolle: Ist die dargestellte Gewalt so inszeniert, dass sie nachvollziehbar und auf die Welt außerhalb des Kinos übertragbar ist, möglich ist?

Oft wird bei der Betrachtung und Untersuchung von Gewalt in Filmen im selben Atemzug die medienpädagogische Prävention auf den Plan gerufen. Gerade dies ist Grund für die Sammlung verschiedener analytischer Auseinandersetzungen mit diversen Regisseuren und ihren Werken in einem hiervon losgelösten Kontext. Das „*Kino der Grausamkeit*" (Barg/Plöger 1996: 6) wird von Werner C. Barg und Thomas Plöger untersucht. Anhand verschiedener Regisseure wie Martin Scorsese, David Lynch und auch Quentin Tarantino untersuchen sie verschiedene „künstlerische Wege filmischer Gewaltdarstellungen [...]: Die realistische, die surrealistische und die formalistische Strömung [...]" (Barg/Plöger 1996: 145). In der realistischen Gewaltdarstellung, wie bei Scorsese oder Francis Ford Coppola, sei vor allem die Verbindung zu einer Gesellschaftskritik bedeutend. Dies geschah besonders bei Filmen des sogenannten „New Hollywood", eine Ära, die ab den Sechziger Jahren bis in die Achtziger hinein andauerte. Das Verlassen des Realen und die Präsentation dessen, was nur mit der Vorstellungskraft sichtbar ist, finden sich im surrealistischen Ansatz der Gewaltdarstellung, zum Beispiel bei David Lynch. Die Rezeption des avantgardistischen Surrealismus sei eine Verbindung von Gemälde- und Filmkunst. Formalistische Tendenzen der Gewaltdarstellung finde man bei Stanley Kubrick und Oliver Stone. Hier ist es die Gewaltigkeit der Bilder, dessen Meister auch Sergio Leone gewesen sei. Barg und Plöger verbinden die drei Tendenzen über ihr Vorhaben, „Gewalt als gesellschaftliches Phänomen [zu] thematisieren" (ebd.: 148). Sei es Krieg, das Gangstermilieu, der Boxkampf als Hintergrund oder die Verortungen der Handlung in die Vorstadt. Auch präsentierten die besprochenen Regisseure mit ihren Filmen ihre Ansicht des Menschen, in dem kein Gutes vorhanden sei, ein „pessimistisches Menschenbild" (ebd.) also, das „die ‚niederen Instinkte' Habgier, Hass und Gewalt im Leben der Menschen mit filmischen Mitteln" darstelle. Gegenbeispiel sei zum Beispiel Stone, der die Gewalt im gesellschaftlichen System begründet sehe (vgl. ebd.: 145-148). Die Charaktere in den von Barg und Plöger als Beispiele des Kinos der Grausamkeit ausgewählten Filme verbinde die Darstellung der „Tragik des gewalttätigen Helden" und Tarantino habe „diesem Archetypus des Gewalttäters eine neue Nuance hinzugefügt" (ebd.: 150). Seine Charaktere werden hier als „gefühllos, unbeherrscht, chaotisch, aber auch äußerst dilettantisch und somit unberechenbar" (ebd.) beschrieben. Diese Aussage wurde lange vor *Kill Bill* veröffentlicht und muss heute um *Kill Bill* (und auch die nachfolgenden Filme) ergänzt werden. Die Eigenschaften treffen auf viele Figuren in *Kill Bill* nicht zu. „[...] ohne Gewalt halten es unsere grausamen Kinohelden auch kaum aus" (ebd.) ist jedoch eine Feststellung, die auch auf *Kill Bill* zu übertragen ist, wenn Kiddo Bills Frage, ob das Abarbeiten der Todesliste ein gutes Gefühl gewesen sei, bejaht (vgl. *Kill Bill Vol. 2*: 01:46:23).

Barg und Plöger haben nicht nur die Gewaltdarstellungen im Film in verschiedene Tendenzen unterteilt, sie haben auch auf ihre ausgewählte Regisseure Bezug genommen und das Verständnis ihres Werkes analytisch erweitert. *Kill Bill* ist durch den hohen Gewaltgrad ein ergiebiges Beispiel für die Untersuchung der Gewaltdarstellung in Filmen. Umgekehrt jedoch ist vielmehr die Untersuchung der Gewaltdarstellung eine von vielen Möglichkeiten, *Kill Bill* als filmisches Werk zu untersuchen. Wird die Inszenierung körperlicher und gewaltsamer Auseinandersetzungen der Untersuchungsgegenstand einer Arbeit, ist dies zweckdienlich für die Analyse und damit auch Erfahrungserweiterung eines Kunstwerkes.

2.1 Aufbau und Handlung von *Kill Bill*

Quentin Tarantinos vierte Regie- und Drehbucharbeit besteht aus zwei Filmen, *Kill Bill Volume 1* und *Kill Bill Volume 2* und wurde von Miramax 2003 und 2004 in die Kinos gebracht. Der Unterteilung in zwei Filme folgt eine solche in mit Texttafeln betitelte Kapitel[3]. Die Nummerierung der Kapitel ignoriert die Unterteilung in zwei Filme und setzt sich kontinuierlich von eins bis zehn fort. Nach dem Vorspann in *Volume 1*, folgen „Chapter 1: 2" (Kill Bill Vol. 1: 00:03:30), „Chapter 2: The blood-splattered Bride" (ebd.: 00:14:47), „Chapter 3: The Origin of O-Ren" (ebd.: 33:46), „Chapter 4: The Man from Okinawa" (ebd.: 00:43:40) und „Chapter 5: Showdown at *House of Blue Leaves*" (ebd.: 00:56:07), anschließend eine Vorschau auf *Volume 2* und den End Credits (ebd.: 01:39:13)[4]. Teil 2 beginnt mit einem an die Zuschauenden gerichteten Monolog als Vorspann, gefolgt von „Chapter 6: Massacre at Two Pines" (*Kill Bill Vol. 2*: 00:01:28), „Chapter 7: The lonely Grave of Paula Schultz" (ebd.: 00:18:00), „Chapter 8: The cruel Tutelage of Pai Mei" (ebd.: 00:35:17), „Chapter 9: ELLE and I" (ebd.: 01:02:00) und dem „Last Chapter: Face to Face" (ebd.: 01:21:19), schließlich den End Credits (ebd.: 01:59:08)[5]. Die Reihenfolge der Kapitel ist nicht chronologisch zur Handlung geordnet, vielmehr sind die Kapitel gerade so angeordnet, dass sich dramaturgische Höhepunkte bilden. In Kapitel 10 ist eine längere Rückblende zu finden, welche die Handlung vor Kapitel 6 zeigt (zur Übersicht siehe Abb. 1 im Anhang). Deutlich ist, dass sich die beiden Teile von der Kapitelstruktur her unterscheiden und Teil 2 die Geschichte chronologischer erzählt, als dies in Teil 1 der Fall ist. Zum Vorspann aus *Volume 2* muss angemerkt werden, dass er nicht dem Handlungsfortlauf, sondern als Exposition, beziehungsweise Zusammenfassung der bisherigen Ereignisse dient.

---

[3] Folgend wird von den genannten Kapiteln jeweils sinngemäß und die im Film gesetzte Reihenfolge einhaltend als Kapitel 1 – 10 gesprochen.

[4] An den Zeiten zu den jeweiligen Kapitelüberschriften lässt sich ein zeitlicher Aufbau erkennen: Die Kapitelunterteilung bis Kapitel 5, das Finale, ist ungefähr viertelstündlich, Kapitel 5 ist dann fast 45 Minuten lang.

[5] Hier ist die stringente Einteilung des ersten Teils nicht mehr zu finden, die Längen der Kapitel variieren mehr.

Die Geschichte handelt von Beatrix Kiddo, einer ehemaligen Auftragskillerin des *„Deadly Viper Assassination Squad"* (*Kill Bill Vol. 1*: 00:02:45). Sie möchte nach der Feststellung ihrer Schwangerschaft (Kapitel 10, Rückblende) aus dem Geschäft aussteigen und wird deswegen von ihrem Chef Bill bei ihrer Hochzeitsprobe ins Koma versetzt (Vorspann von *Volume 1*), wobei ihr zukünftiger Ehemann, ihre Freundinnen und weitere Personen sterben (Kapitel 6). Als sie erwacht, stellt sie fest, dass sie vier Jahre im Koma gelegen hat. Kiddo hält auch ihr Kind für tot. Ihr Vorgehen ist angeleitet von ihrer Rache an den ehemaligen *Squad*-Mitgliedern, welche sie schriftlich als die *„Death List Five"* (ebd.: 01:38:48) verewigt. Zunächst befreit sie sich aus dem Krankenhaus (Kapitel 2) und begibt sich dann nach Tokyo, um sich vom Schwertschmied Hattori Hanzo ein Samuraischwert herstellen zu lassen (Kapitel 4). Anschließend konfrontiert sie die Erste auf ihrer Liste, O-Ren Ishii (deren Werdegang in Kapitel 3 erläutert wird), und tötet sie nach einem langen Kampf mit O-Rens zahlreichen Handlangern (Kapitel 5). Vorher ließ sie O-Rens Untergebene, Sophie Fatale, entstellt am Leben, um sie nach dem Kampf mit O-Ren zu Bill zu schicken um diesen in Beatrix Namen zu warnen. Daraufhin begibt sie sich nach Pasadena in Texas und tötet die Zweite auf ihrer Liste, Vernita Green, die ebenfalls bereits aus dem *Squad* ausgestiegen ist (Kapitel 1). Als sie bei Nummer drei angelangt ist, schießt Bills Bruder Budd, schießt er mit einer Ladung Steinsalz auf sie und begräbt sie anschließend lebendig (Kapitel 7). Nachdem sie sich an ihre Ausbildung bei dem Kung-Fu-Meister Pai Mei erinnert (Kapitel 8), kann sie sich befreien und kehrt zurück zu Budds Wohnwagen, in dem die vierte auf Beatrix' Liste, Elle Driver, Budd bereits mit einer Giftschlange getötet hat. Beatrix bekämpft Elle, welche nur noch ein Auge hat, da Pai Mei ihr einst eines herausriss. Elle wird nicht von ihr getötet, allerdings reißt Beatrix ihr das verbliebene Auge heraus und überlässt sie sich selbst (Kapitel 9). Schließlich fährt sie zu Bill (Vorspann *Volume 2*), um dort auf ihre totgeglaubte Tochter B.B. zu treffen und schließlich Bill mit einer speziellen Attacke, welche sie von Pai Mei lernte, fast kampflos zu töten (Kapitel 10).

Die Handlungsstruktur beginnt also mit der Präsentation der Ausgangshandlung, stellt die Fähigkeiten der Hauptfigur Beatrix Kiddo mit dem Kampf gegen Vernita Green vor und läuft dann auf die Konfrontation O-Rens hinaus, die erst nach dem Besiegen mehrerer Zwischengegner bekämpft werden kann, welches den dramaturgischen Höhepunkt des ersten Teils darstellt. Die Zuschauenden werden mit einer überraschenden Wendung und einem Blick auf die im nächsten Film folgende Handlung verlassen. In *Kill Bill Vol. 2* erfahren sie mehr über Kiddos Hintergrund, bis diese schließlich, nach einem weiteren großen Kampf gegen Elle, bei Bill ankommt und ihr Ziel erreicht. Sie tötet ihn und ist am Ende mit ihrer Tochter wiedervereint – eine Belohnung für ihren Leidensweg, welche sie nicht erwartet hatte. Beatrix wird von Rache getrieben, erfüllt diese mit Gewalt und erlebt ein Happy End.

2.2 Analyse der Gewaltdarstellung in *Kill Bill*

Die Gewaltdarstellung in *Kill Bill* ist auch deswegen ein Untersuchungsgegenstand der Filmwissenschaft, weil sie an einigen Stellen kritisiert wird. Eine Sammlung vieler veröffentlichter Kritiken bietet *metacritic*. Dort findet man unter anderem einen Auszug aus Joe Morgensterns Kritik für das *Wall Street Journal*: „[…] *Kill Bill* inflicts intolerable cruelty on its characters, and on its audience." (metacritic.com, letzter Zugriff am 26.01.2015). Er bezeichnet *Kill Bill* auch als „[…] the most violent movie ever released by an American studio" (ebd.). Er reiht sich ein in mehrere negative Kritiken, steht damit aber auch einer überwiegenden Vielzahl an positiven Kritiken gegenüber. Nicht zuletzt die Polarisierung der Gewalt ist aber eine der Motivationen der Filmwissenschaft, sich genau damit zu beschäftigen.

Die Gewalt, die in *Kill Bill* zu sehen ist, wird hauptsächlich vom Motiv der Rache bestimmt. Dabei ist es nicht nur Beatrix Kiddo, der wir auf ihrem Racheweg folgen. Auch O-Ren begeht einen Racheakt, der ihr weiteres Leben bestimmt. Bill rächt sich an Kiddo, indem er sie erschießt, die anderen Vier des *Squads* erledigen ihre Arbeit (oder sehen das Töten von Kiddos Freundinnen und ihrem Verlobten, sowie den anderen Personen in der Kirche selbst auch als Akt der Rache an Kiddo an, da sie das *Squad* verlassen hat). Eine Ausnahme bildet Elle, die Budd aus anderen Gründen tötet. Hier spielt ein „komplexes Netz aus Liebe, Eifersucht, Abhängigkeit und Rivalität" (Grabowski 2007: *Gewalt als Stilmittel. Warum fließt in Kill Bill so viel Blut?*. Seite 22) eine Rolle. Die Motivation von O-Ren, Vernita, Budd und Elle beim Kampf gegen Kiddo ist die, nicht getötet zu werden. Gerade Elle macht den Wunsch, Kiddo zu töten, am deutlichsten. Sie versteht deswegen auch nicht, dass Bill sie den Auftrag, Kiddo noch im Krankenhaus zu töten, schließlich doch nicht ausführen lässt, kurz bevor sie ihn beendet.

Grabowski spricht der Gewalt in *Kill Bill* mehrere filmische und kulturelle Ursprünge hinzu. Im Actionfilm könne die Rache die Struktur des Films sein, wie es bei *Kill Bill* ebenso der Fall sei. Die Handlung schreite an den Racheakten voran, bis zu ihrem Ziel. Weiter geht sie auf die Coolness ein. Diese „[…] beinhaltet die Selbstinszenierung, das bewusste Tragen bestimmter Rollen, bis sie realer Teil der Identität werden [...]". Coolness bilde eine glatte Oberfläche, an der alles abpralle, das perfekte Tragen einer Rolle zur Verbergung der eigenen Verletzlichkeit. Der Begriff sei aber auch schwer zu definieren und Tarantino benutze nur seine oberflächliche Bedeutung. Das Konzept der Coolness, im Actionkino divers verarbeitet, sei auf die Gewalt in *Kill Bill* zu übertragen, da „[d]er Körper und seine Zerstörung, die Demontierung [...] zelebriert und in Szene gesetzt [werden]"– sprich, die Darstellung von Gewalt sei als Resultat der Coolness der Körperlichkeit zu verstehen. Cool sei alles, die Musik, der Nervenkitzel, das Gefühl des Zuschauers bei spritzendem Blut (vgl. Grabowski 2007: 25-31).

Ebenso habe Gewalt im Actionkino eine narrative Funktion. Grabowski bezieht sich hier auf Aaron Anderson (Anderson 2005: *Mindful violence: the visibility of power and inner life in Kill Bill*. www.ejumpcut.org. Letzter Zugriff am 26.01.2015). Gewalt eigne sich neben Kameraarbeit, Musik, Farbe und weiterem, „innere Vorgänge nach außen zu kehren" (Grabowski 2007: 32). Gewalt sei die einfache Vermittlung von Kräfteverhältnissen, der Ausdruck von Konflikten. Genres hätten bestimmte Muster bei der Ausführung von Gewalt, das Verhalten gegenüber diesen Mustern in schwierigen Situationen zeige den Charakter der Person, das Actiongenre nutze solche Situationen um die Charakterentwicklung zu zeigen. Sie stimmt Anderson zu, dass Gewalt ein Mittel sei, „um Kräfteverschiebungen oder die innere Stärke einer Figur sichtbar zu machen" (ebd.). Gewalt sei auch durch die Verbindung zu Mythologien und Traditionen eine erzählende Instanz (vgl. ebd.: 31-33).

Für die Betrachtung der Gewalt in *Kill Bill* im Kontext der erläuterten Fragestellung bieten sich vor allem vier Szenen an. Die als zum Teil als Anime gestaltete Geschichte von O-Ren Ishii, in der gezeigt wird, warum sie wurde, wer sie ist, bietet die Vorlage für den Transport von typischen Darstellungen des japanischen Zeichentricks in Tarantinos Film. Der Kampf gegen die *Crazy 88* am Ende von *Kill Bill Vol. 1* endet in dem Sieg Kiddos über O-Ren und zeigt nicht nur die brutalste Gewalt, sondern auch die konzentrierteste. Außerdem ist noch der in Budds Trailer stattfindende Kampf gegen Elle Driver zu betrachten, in dem vor allem die Räumlichkeit ihren Teil zur Gewalt beiträgt. Ähnlich verhält es sich mit dem ersten zu sehenden Kampf überhaupt, gegen Vernita Green. Vergleiche zwischen den Kämpfen bieten sich hier über die Ebenen der Figuren, der Waffen und der Szenerien an. Diese vier Sequenzen sollen nun Gegenstand jeweiliger erkenntnisorientierter Analysen nach Hickethier werden.

2.2.1 O-Ren vs. Matsumoto

In Kapitel 3 von *Kill Bill* erfahren die Zusehenden den Werdegang von O-Ren Ishii alias „Cottonmouth" (*Kill Bill Vol. 1*: 00:33:45). Die Biografie wird, erzählt von Kiddo aus dem Off, im Stil eines japanischen Animes[6] gezeigt. Eingestiegen wird mit einer Lokalisierung von O-Rens Kindheit. Sie, die eine „halb japanisch und halb chinesisch-amerikanische" (ebd.: 00:33:52) Herkunft hat, wächst auf einer amerikanischen Militärbasis in Tokio auf. Viel mehr von ihrer Kindheit ist bis dahin nicht zu erfahren. Es folgt die Ermordung ihrer Eltern durch den Yakuza-Boss Matsumoto und seine Handlanger. O-Ren versteckt sich unter dem Bett und muss mitansehen, wie erst ihr Vater, dann ihre Mutter durch das Schwert Matsumotos sterben. Zu diesem Zeitpunkt ist sie erst neun Jahre alt. Einer der Handlanger Matsumotos legt ein Feuer und O-Ren muss fliehen, nachdem alle verschwunden sind. Vor den Flammen ihres Zuhauses schwört sie Rache. Zwei Jahre später tötet sie Matsumoto im Bett, da dieser pädophil ist und sie sich so einen Weg zu ihm bahnen konnte. Sie tötet ihn ebenso mit einem Schwert, wie er ihre Eltern umbrachte. Das Aufeinandertreffen mit zwei Schergen Matsumotos, die sie angreifen, zeigt uns die Fähigkeiten O-Rens. Sie besiegt die Zwei spielend. Mit zwanzig ist sie Auftragskillerin, wir sehen, wie sie von einem Dach her einen Mann in den Kopf schießt, während er sich in einem Auto mit zwei Damen vergnügt. Fünf Jahre später passiert das Massaker in der Hochzeitskapelle in El Paso, Texas, bei dem Bill Kiddo in den Kopf schießt. O-Ren wird später, als das *Squad* nicht mehr existiert, zur Yakuza-Chefin in der Tokioer Unterwelt. Ihre Hintergrundgeschichte erzählt uns zwei Dinge über ihren Charakter: Sie ist durch die grausame Hinrichtung ihrer Eltern traumatisiert und sie ist (höchstwahrscheinlich) deswegen auch kriminell geworden. O-Ren ist durch dieses Kapitel im Film die einzige Gegnerin mit einer mehr oder weniger ausgebauten Hintergrundgeschichte, welche zur Charakterzeichnung beiträgt. Nicht nur deswegen ist es ein einprägsamer Teil des Films, auch weil er sich durch die Anime-Gestaltung vom Rest des Films abgrenzt. Die in der gesamten Sequenz zu findende Anime-Ästhetik ist geprägt von einem Nachempfinden einer realen Kameraführung[7], da das Bild durchgehend wackelt und oft auch erschüttert wird. Auch in der Szene in O-

---

[6] Anime sind in Japan produzierte Zeichentrickfilme oder –serien. Das Wort „Anime" ist die Kurzform von „animēshon", die japanische Entlehnung des englischen Wortes „animation".
[7] Mit „realer Kameraführung" ist die Kameraführung (Bewegung, Perspektive, Einstellung) von real gedrehten Filmen gemeint.

Rens Zuhause ist dies der Fall. Wenn Figuren sich schnell bewegen, gut zu beobachten bei dem Versuch von O-Rens Vater, sich gegen die Schläger zu verteidigen, reduzieren sich ihre Formen und Konturen teilweise, was sicher die Bewegungsunschärfe ersetzt (Abb. 2). Auffällig sind auch die lauten und markanten Geräusche, etwa beim Knacken von Knochen, beim Spritzen von Blut oder beim Eindringen eines Schwertes in den menschlichen Körper. Gerade das Spritzen von Blut ist ein Stichwort, welches die Gewaltdarstellung ins ‚Übertriebene' hebt. Nicht nur, dass sich der Film in einer unrealistischen, weil animierten Ebene befindet, innerhalb der Animation verlässt er die Ebenen einer realistischen Darstellung ebenso. Wenn mit der Kamera eine Realfilmästhetik nachempfunden werden möchte (und zwar durch das Wackeln der Kamera), wird mit dem Zerfall des Körpers eine andere Richtung eingeschlagen. Die Menge an Blut, die aus dem Körper von O-Rens Vater schießt (Abb. 3), sowie die Fontäne selbst, wirken nicht weniger brutal, aber befremdlich, solche Darstellungen werden aber wiederrum im japanischen Anime verortet. Weitere Stereotypen des Anime sind die mehrfachen Wiederholungen einer wichtigen Bewegung im Detail, hier ist es die Schwertführung durch Matsumoto gegen O-Rens Mutter. Er schießt hinunter, schreit dabei und drei Mal wird dieses Bild nacheinander geschnitten (Abb. 4), immer gleich, nur beim dritten Mal langsamer und länger. Was ebenso auffällt, ist, dass die gezeigte Gewalt innerhalb eines Nachempfindens des Blickes der Personen passiert. Dies ist einmal zu beobachten, als O-Ren sich unter dem Bett versteckt und die Kamera in ihre Augen zoomt, um dann das Geschehen im Raum zu zeigen (Abb. 5), und wiederrum dann, wenn O-Ren auf Matsumoto sitzt und sie in seinen Augen zu sehen ist (Abb. 6). Die Gewaltdarstellung passiert in dieser Sequenz sehr stark über die Menge des Blutes, welches sich in einer signalhaften roten Farbe in den Räumen verteilt. Mal spritzt es, mal fließt es, mal tropft es auf das Gesicht O-Rens. Immer bedeutet es den Tod, vor allem durch das Schwert. Der wohl stärkste Einsatz von Blut findet statt, wenn O-Ren das Schwert aus Matsumoto herauszieht und sein Blut an die Wand spritzt. Dabei wird die Form von O-Rens Körper ausgelassen, so dass ihre Tat als ‚Gemälde' an der Wand sichtbar wird.

Die akustische Ebene wird von sehr drastischen und lauten Soundeffekten bestimmt, die dadurch verstärkt werden, dass kaum gesprochen wird. Wenn das Schwert des Handlangers Matsumotos in den Körper von O-Rens Vater eindringt, übertönt das Geräusch alles weitere. Auch das Spritzen des Blutes wird mit dem an einen Rasensprinkler erinnerndes Geräusch unterlegt, was das Verlassen einer realistischen Darstellung noch einmal verstärkt. Dies ist obligatorisch, da die von

Gewalt bestimmte Sequenz als Anime erzählt wird. Da es sich hier um gezeichnete Figuren handelt und nicht um Schauspieler, wird schon durch die Animation die Realität des Films verlassen. Darüber hinaus befindet sich der Film in einer von Kiddo erzählten Rückblende, die die Erzählung wahrscheinlich nur als Dritte wiedergibt und sie selbst von einer anderen Person, vielleicht O-Ren selbst, gehört hat.

Warum Matsumoto O-Rens Vater ermorden lässt und direkt danach ihre Mutter tötet, ist nicht direkt deutlich. Klar ist aber die Motivation für O-Ren, wenn sie zwei Jahre später Matsumoto umbringt: Rache. So gesehen ist O-Ren genauso getrieben vom Wunsch der Vergeltung wie Kiddo. Die Tatsache, dass die biografischen Ausschnitte aus O-Rens Leben von Kiddo erzählt werden, verbindet die beiden noch mehr. Dies belässt das Erfahren des Charakters O-Rens aber auch im Kontext des Rachekonflikts Kiddos. Wir erfahren von der Ermordung von O-Rens Eltern und den anschließenden Stationen ihres Lebens, um zu verstehen, wie gefährlich O-Ren ist. Und um O-Rens Rache an Matsumoto verständlich zu machen, muss die Ermordung ihrer Eltern grausam sein.

2.2.2 Kiddo vs. O-Ren

Das Finale des ersten *Kill Bill*-Teils ist auch gleichzeitig des Ende des längsten und wohl schwierigsten Kampfes von Beatrix Kiddo. Sie ist nach Tokyo gereist, hat sich unerkannt in das *House of Blue Leaves*[8] begeben und dort auf den richtigen Moment gewartet. Nachdem die Situation, in der der Kampf stattfinden wird, deutlich ist, beginnt die Gewalt mit dem Abtrennen von Sophie Fatales Arm als deutliche Botschaft an O-Ren: Jetzt wirst du sterben, ich werde keine Gnade zeigen. Auch an die Gäste des Lokals ist dies eine Nachricht, welche sie sofort verstehen und panisch den Club verlassen. Dies ist der erste von vier Abschnitten im Finale von *Kill Bill Vol. 1*. Der zweite Teil beginnt mit dem ersten Angriff der Leibwächter von O-Ren. Miki stürmt auf Kiddo zu, diese zerstört mit einem Hieb sein Schwert und tötet ihn dann. Sie tötet ihn nicht einfach so, sie hebt ihn mit ihrem einzigartigen Schwert in die Luft und schmeißt in dann in den kleinen Pool vor der Treppe, welche zu O-Ren führt. Dann besiegt sie noch fünf weitere Leibwächter schnell und einfach, ohne auch nur von ihnen berührt zu werden. Erst als

---

[8] So weit ersichtlich, wird der Name des Lokals, in dem das große Finale von Vol. 1 stattfindet, nicht von handelnden Personen ausgesprochen. Der Titel des Kapitels 5, „Showdown at House of Blue Leaves", weist allerdings auf den Namen hin. Es ist also stark anzunehmen, dass das Lokal House of Blue Leaves heißt.

Gogo auftaucht, wird auch sie getroffen. Gogo ist die erste, ernstzunehmende Gegnerin für Kiddo, die fast gewinnt, bis Kiddo sie mit einem zersplitterten Tischbein samt Nägeln töten kann. Die dritte Phase beginnt, indem die *Crazy 88* in das Lokal stürmen und Kiddo mit ihnen fertig werden muss. Der Kampf gegen die *Crazy 88* ist eine Orgie der Gewalt, die meisten von ihnen bleiben am Ende sehr schwer verletzt am Boden zurück – sie dürfen hinauskriechen, aber alle Körperteile, die sie einbüßen mussten, müssen dableiben, so sagt es ihnen Kiddo. Sie konfrontiert O-Ren schließlich im vierten Teil des Finales im Zen-Garten des „*House of Blue Leaves*", kämpft gegen sie und gewinnt schließlich den Kampf für sich.

Ikonisch für *Kill Bill* ist eben jener berühmte dritte Teil des Finales, der Kampf gegen die *Crazy 88*, eine Kampftruppe, welche gar nicht wirklich aus 88 Personen besteht, wie wir später von Bill erfahren. Die Darstellung der Gewalt findet hier hauptsächlich durch ihre Konzentration statt, infolgedessen sich die *Mise-en-scène*[9] danach richtet (vgl. Wulff 2012: *Mise-en-scène*. In: *Lexikon der Filmbegriffe*. www.filmlexikon.uni-kiel.de, letzter Zugriff am 26.01.2015). Die häufigen harten Schnitte vermitteln Schnelligkeit, die vielen Nahaufnahmen verringern den Abstand der Zuschauenden zum Geschehen und lassen im Chaos den Blick auf Einzelheiten lenken. Die lauten Soundeffekte verstärken das Schneiden und das Schlagen von Kiddos Schwert. Die Kampfsequenz ist nicht nur ein Pool der Gewaltdarstellung, sondern auch ihrer Inszenierungsmethoden. Die von Hickethier zusammengetragenen Begriffe der Filmwissenschaft finden hier Anwendung: Fast alle Einstellungsgrößen finden sich (Abb. 2 – Abb. 9), von Normalsicht, Auf- und Untersicht sind auch alle Begriffe Hickethiers zur Kameraperspektive vertreten (Abb. 10 – Abb. 12). Die Erkenntnis bei der Betrachtung der Kamerabewegungen fällt ähnlich aus, denn die Kamera schwenkt, fährt und zoomt. Sie ist insofern subjektiv, dass sie Kiddo verfolgt und an einigen Stellen ihren Blick nachempfindet (vgl. Hickethier 2012: *Film- und Fernsehanalyse*. Seite 56-62). Es wird deutlich, dass eine detaillierte Abarbeitung einzelner Montagetechniken zwar filmtechnisch bereichernd, aber weitestgehend zwecklos ist. Denn es sind nicht die einzelnen Einstellungen, sondern ihre Summe, welche die Gewalt darstellt. Am auffälligsten ist, dass ein nicht kleiner Teil des Kampfes in Schwarzweiß stattfindet[10]. Dieser Effekt nimmt dem Blut seine intensive Warnfarbe Rot, lässt die

---

[9] Dieser Begriff der Filmwissenschaft beschreibt die Inszenierungsmethoden eines Films.
[10] Hier treffen Zensur und Kreativität aufeinander: Weil der westliche Markt eine Zensur bei so viel Blut verlangt, entschied sich Tarantino nicht, die Szene zu schneiden, sondern ihr die

Szenerie aber auch Leuchten und verstärkt noch einmal den Kontrast zwischen den schwarzen Anzügen der Feinde Kiddos und ihrem nun nicht mehr gelben, sondern fast weißen Motorradanzug. Die Musik wechselt zwischen insgesamt sieben Tracks[11], nachdem die Kampfsequenz mit dem ersten Schlag beginnt und nach knapp siebeneinhalb Minuten mit dem Abtrennen der Beine des Anführers der *Crazy 88* endet. Die unterschiedlichen Stile und Rhythmen der Stücke verändern sogleich die Wirkung des Kampfgeschehens, besonders zu spüren bei dem schnellen Popsong, der mit seinem Einsetzen etwas Komik in das Geschehen[12] bringt.

Die Gewalt in dieser Sequenz ist am explizitesten und brutalsten, denn es werden mehrere Köpfe und weitere Körperteile abgetrennt, an einer Stelle des Kampfes durchtrennt Kiddo sogar einen ganzen Oberkörper mit nur einem Hieb. Was an dieser Eliminierung so vieler Gegner auffällig ist und auch schon bei der Exposition O-Rens an anderer Stelle des Films auftritt, ist die Übertragung der in Kapitel 3 so ausgelebten Anime-Ästhetik des Blutfließens. Die ästhetische Verbindung zwischen Animation und Realfilm findet sich in den Fontänen, die aus Sophie Fatales Arm und aus den Körpern der *Crazy 88* spritzen. Es ist nicht nur der Akt der Gewalt, durch den sie dargestellt wird, sondern vor allem ihr Ergebnis: Das Gewalttätige einer Enthauptung wird dadurch erweitert, dass aus dem Hals des Opfers unrealistische Unmengen an Blut schießen und sich dieses Blut überall verteilt. Grabowski merkt dazu an:

> Was das Beispiel Blut angeht, hat Tarantino also die Wahl nach einem gelungenen Einsatz, zum Beispiel dem Abschlagen von Sophie Fatales Arm den Bluteinsatz zu reduzieren, damit sich das Publikum von dem Schrecken erholen kann, oder wie er es tut, durch die Verwendung von

---

Farbe zu nehmen. In Japan ist die Szene ohne Schwarzweiß-Filter auf den DVDs enthalten. Passenderweise wechselt das Bild ins Schwarzweiße in genau dem Moment, in dem Kiddo einem der Crazy 88 ein Auge herausreißt (was in Kill Bill somit drei Mal passiert) und wieder zurück, als Kiddo blinzelt.

[11] Neben The RZA mit Charles Bernstein, die „Crane" und „White Lightning" sowie „Banister Fight" und weitere Soundtracks beigesteuert haben, hören wir „Champion of Death" von Shunsuke Kikuchi, „Super 16" von Neu!, „Police Check Point" von Harry Betts und „Nobody But Me" von The Human Beinz.

[12] Spätestens ab diesem Zeitpunkt gesellt sich zum Zusammenzucken ob des ganzen Blutspritzens auch Genuss hinzu, da die Sequenz ein so dichtes Erlebnis ist und das Kino und seine Möglichkeiten zelebriert.

noch mehr Blut die Realitätsebene zu verlassen, die Grenze zu überschreiten (vgl. Grabowski 2007: 30).

Nicht nur der Einsatz von sehr viel Kunstblut ist hier ein Faktor, der Grabowksi zustimmen soll. Innerhalb der choreografischen Kampfperformance sehen wir Kiddo auch auf den Schultern eines ihrer Gegner stehend weiterkämpfen, sehen sie Geländer hochfliegen, und überhaupt eine hohe Anzahl an Kämpfern im Alleingang besiegen. Dieses Verlassen der physikalischen Gesetzeswelt verändert die Möglichkeiten der Gewaltdarstellung, aber auch die Gewalt im Film selbst. Denn die Frage, die anfangs gestellt wurde, ob nämlich die gezeigte Gewalt im Film realistisch ist, kann an dieser Stelle mit nein beantwortet werden. Dass Kiddo tötet, ist für die Zuschauenden längst logisch, wie sie tötet ist nicht mehr so realistisch wie es im vorherigen Filmverlauf der Fall war. Der Unterschied ist eindeutig ihr einzigartiges Schwert, welches Hattori Hanzo für sie in Kapitel 4 herstellt. Diese mythische Waffe (vgl. ebd.: 10ff) ist stärker und besser ist als alle Waffen der *Crazy 88*. Nachdem sie Sophies Arm mit einem schnellen Hieb abgeschlagen hat und sie Miki mit ihrem Schwert emporgehoben hat, wissen wir von der Stärke dieser Waffe und können die Realitätsebene des Kampfes reflektieren: Kiddo hat das *Hattori Hanzo*, ihre Gegner nicht, sie kann demnach nicht so verletzt werden, wie sie die anderen verletzen kann, dieses Schwert kann spielend leicht durch Haut und Knochen schneiden.

Die Gewalt, die Kiddo ausübt, um ihr Ziel zu erreichen, wird noch einmal zusammengefasst, wenn auf dem Boden des Lokals, der Tanzfläche (vgl. Mein 2006: *Kill Bill, Kleist und Kant oder:* »*You didn't think it was going to be that easy, did you?*«. Seite 86), die Verletzten stöhnen und die Kamera mit einer Aufsicht die Ausmaße von Kiddos Kampfkunst resümiert, bevor diese O-Ren in den verschneiten Garten folgt.

Kaul und Palmier untersuchen gerade diesen letzten Abschnitt. Dieser „findet in exklusiver Umgebung" statt, die sie mit einer Theaterbühne vergleichen. Der Kontrast, der zum Schwertkampf entsteht, liege in der paradiesischen und meditativen Atmosphäre des verschneiten Gartens begründet. Weitere Gegensätze seien die Wasserwippe und die Momente, wenn Schwerter sich kreuzten und Blut auf den Schnee spritze. Auch der Einsatz der Musik, *Don't Let Me Be Misunderstood* von *Santa Esmeralda*, verfremde das Setting und mache aus dem Anmutigen „einen ungestümen Tanz". Nicht missverstanden werden solle auch Kiddo, welche in der Szene von O-Ren als ebenbürtig anerkannt wird. Als wichtige inszenatorische Punkte verweisen Kaul und Palmier auf die Aufsicht nach O-Rens

Treffer, die Wiederholung der Großaufnahme von Kiddos Gesicht und die Zeitlupe beim Wiederaufstehen Kiddos. Die Aufsicht deute auf das Ende des Kampfes hin, während die Zeitlupe das Aufstehen mit „Wichtigkeit" auflade, nachdem die Großaufnahme an den Anfang von *Volume 1* erinnere. Das Skalpieren O-Rens sei ein Motiv amerikanischer Ureinwohner und überlagere das japanische Setting. Die Zeitlupe des letzten Schlags ist bei der eigenen Sichtung des Films nicht zu finden. „Ruhig und melancholisch" wirke diese Einstellung, auch bei der Offenbarung von O-Rens geöffneter Schädeldecke. Die Darstellung sei „künstlich" und werde „von dem ruhig weiterfallenden Schnee sowie der ruhig weiterlaufenden Musik ignoriert", was zur „Gartenidylle" passe (vgl. Kaul/Palmier 2013: Quentin Tarantino. Einführung in seine Filme und Filmästhetik. Seite 89-91). Wenn von Gegensätzen die Rede ist, dann sind diese Idylle mit ihrer vorherrschenden Entschleunigung und der schnellgeschnittene Kampf Kiddos gegen O-Rens Leibgarde ebenso gegensätzlich. Verlor sich der Überblick dort schnell, aufgrund der Vielzahl an einzelnen Gewaltakten, wird hier jeder Klingenkontakt mit präziser Konzentration vorbereitet und von gezielten Dialogen untermauert. Schlussendlich sitzt Kiddo auf einer kleinen Bank und atmet aus, muss zur Ruhe kommen, ist sprichwörtlich fertig: In Bezug auf die übernatürliche Darstellungsweise der Gewaltausübung führt dies Kiddo wieder zurück ins Menschliche und mit ihr ihre Taten.

2.2.3 Kiddo vs. Elle

Elle Driver ist die vorletzte Person auf Kiddos. Sie tötet Elle jedoch nicht. Nicht einmal Budd, Bills Bruder und einen Platz vor Elle, tötet Kiddo selbst. Das erledigt Elle Driver mithilfe einer Schlange, der Schwarzen Mamba, passenderweise ist dies auch der Deckname Kiddos im *Deadly Viper Assassination Squad*. Der Kampf findet statt in Budds Trailer, irgendwo außerhalb in der Wüste von Kalifornien. Budd liegt tot auf dem Boden und Elle will ebendiesen verlassen, als der Kampf beginnt. Elle öffnet die Tür und Kiddo fliegt, die Kamera auf ihre Füße gerichtet und auf Elle zusteuernd, ihr fußvorwärts entgegen (Abb. 18), trifft sie gegen den Oberkörper und schleudert sie zurück in den Wohnwagen (vgl. *Kill Bill Vol. 2*: 01:13:47). Noch bevor Elle, vollkommen überrascht aber schnell, das von Budd geraubte *Hattori Hanzo* stehlen kann, welches er wiederrum Kiddo zwei Kapitel vorher stiehlt, steht Kiddo auf und stößt Elle zurück. Hier wird der Raum zur Waffe: Elle kann ihr Schwert nicht ausziehen, weil es wieder gegen die Wand stößt (vgl. ebd.: 01:13:56, Abb. 19). Es ist kein Platz zum Kämpfen da und genau das macht den Kampf aus, indem sich die Gewalt äußert. Die schwertlose Kiddo muss gegen Elle antreten, welche sie ganz leicht mit den Hanzo besiegen könnte, doch Kiddo nutzt den Raum und seine Gegenstände und greift zu einer gewöhnlichen Fernsehantenne (vgl. ebd.: 01:14:04). Die schnellen Schnitte lassen die Kamera zu unterschiedlichen Orten aus den verschiedensten Perspektiven wechseln, die immer wieder die Enge des Raumes, welche noch durch viele Gegenstände wie vor allem leere Alkoholflaschen unterstrichen wird, zu visualisieren (vgl. ebd.: 01:14:00). Das körperliche Kräftemassen beginnt, als Kiddo und Elle beide das Schwert greifen und nur durch physische Kraft und Geschick gewinnen können (vgl. ebd.: 01:14:14). Die Profileinstellung lässt die beiden blonden Frauen fast gleich aussehen (Abb. 20). Hier findet also eine Gegenüberstellung der Handlungs- und der Blickachse statt (vgl. Hickethier 2012: 64), Kiddo und Elle stehen im rechten Winkel zum Zuschauenden. Diese gewählte Bildkomposition unterstreicht ihre Ähnlichkeit. Sie sind auch lange gleich stark, bis Kiddo das Kräftemessen mit einem Knietritt löst. Sie drückt Elle auf die Tischplatte und das halbausgezogene Schwert an Elles Kehle, diese befreit sich und stößt Kiddo von sich (vgl. ebd.: 01:14:22). Der gleichzeitige Tritt und das simultane Hinfallen sowie die Verwendung des *Split screens* (vgl. ebd.: 01:14:37), welcher die beiden Frauen von beiden Seiten des Raumes her auf den Boden fallen sehen lässt (Abb. 21), deutet auf die Ebenbürtigkeit von Kiddo und Elle hin: Sie sind gleich stark. Er stellt aber auch die Simultanität dieses Moments dar. Kiddo verwendet eine Stehlampe um Elle zu verletzen, Elle benutzt ihren Körper und tritt Kiddo mehrmals (vgl. ebd.: 01:14:48). Durch den Kampf wird das Inventar des Trailers zerstört, Stühle zerbrechen, in die Wände werden Löcher geschlagen, sofern sie nicht vollends eingerissen werden. Wieder kann Elle das Schwert nicht ziehen, da es diesmal an die Decke stößt, daraufhin kippt Kiddo Elle den Inhalt von Budds Spucknapf ins Gesicht, welchen er für den Verzehr für den in Western so typischen Kautabak benötigt (vgl. ebd.: 01:15:02). Kiddo schafft es, Elle das Schwert aus der Hand zu schlagen (vgl. ebd: 01:15:15). Die Frauen schlagen und treten sich, werfen mit Gegenständen, Kiddo schleudert Elle durch eine Wand, will sie in der Toilette ertränken, sie befreit sich, schlägt Kiddo zurück, holt sich ihr Schwert zurück, doch Kiddo macht eine Entdeckung: Budds *Hattori Hanzo*. Budd hat vor Bill behauptet, er habe das Schwert, welches Bill ihm geschenkt hat, beim Pokern versetzt und hat damit gelogen. Kiddo findet es in einer Golftasche, woraufhin der Schwertkampf mit Elle beginnt. Dass beide nun eine solche Waffe in den Händen halten, unterstreicht wieder ihre Gemeinsamkeit. *A Silhouette of Doom* von Ennio Morricone setzt ein und in dem Dialog (vgl. ebd.: 01:17:07) wird Elles Verlust ihres Auges erklärt. Pai Mei hat ihr einst das Auge ausgerissen, was in einer Rückblende gezeigt wird. Die Selbstsicherheit Kiddos weicht der Wut, nachdem sie erfährt, dass Elle Pai Mei dafür getötet hat und Elle sich darüber

amüsiert: „That's right. I killed your master. And now I'm going to kill you too!"
(*Kill Bill Vol. 2*: 01:18:41). Im Takt der Musik wechselt die Kamera zwischen den
Großaufnahmen von Kiddos und Elles Gesicht, während beide sich konzentriert
anblicken und warten, dass die jeweils andere den ersten Schritt macht. Hier sind
es Wut, Überlebenswillen, Tötungslust, die durch die Mimik der Augen transpor-
tiert werden. Sie stürmen aufeinander los, die dramatische Musik steigert sich immer mehr, die Schwerter kreuzen sich und beide verharren, die Kamera fokussiert
durch das selbe im Takt geschnittene Prinzip wie vorher auf die Augen der beiden
Frauen, zoomt immer mehr an diese heran (vgl. ebd.: 01:19:17). Der Schnitt-Gegenschnitt ist eine Montageform, die die Emotionen innerhalb dieses Moments
klar macht, durch die Großaufnahme zeigt sie dem Zuschauenden die emotionale
Regung im Gesicht (vgl. Schwendner 2000: *Schnitt Gegenschnitt. Bedingungen
zur Identifikation mit Medienfiguren.* Seite 58). Der Kampf endet mit einem plötz-
lichen Zug Kiddos, die Musik auch. Das Fokussieren auf die Augen endet im Her-
ausreißen des zweiten Auges von Elle, die nun blind und schreiend am Boden
liegt, sich wälzt und Kiddo verflucht (vgl. ebd.: 01:20:00). Diese zertritt genüss-
lich das Auge und verlässt angeschlagen den Schauplatz. Der Kampf endet, Elle
ist besiegt und Kiddo hat gewonnen. Dies wird mit dem Zuschlagen der Wohn-
wagentür besiegelt, welches von innerhalb des Wohnwagens gefilmt und von einem lauten Knall begleitet wird (vgl. ebd.: 01:20:26).

Kaul und Palmier verweisen bei der Analyse dieser Szene auf die Komik. Die
„komische Überzeichnung des Kampfes" komme durch das Verwenden der be-
reitstehenden Gegenstände zustande. Insbesondere die erste Attacke, das Zuflie-
gen auf Elle Driver, wirke „unbeholfen und unrealistisch" und treibe „die Komik
durch den Kontrast zu der ansonsten stilsicheren Inszenierung des Films weiter
voran". Weiter bezeichnen Kaul und Palmier die Szene als eine „Dekonstruktion
der stilisierten Kampfszenen insbesondere aus dem ersten *Kill Bill*-Teil", deren
„zahlreiche komische und groteske Elemente ziehen den Kampf ins Lächerliche".
„Das Chaotische des Kampfes" spiegele sich „in der wild um sich schlagenden
und orientierungslosen Geblendeten [Anmerkung: Elle Driver]" wieder (Kaul
Palmier 2013: 104-106). Die Kritik ist also, dass durch die einsetzende Komik
dem Kampf der Stil genommen wird. Im direkten Vergleich zum Kampf gegen
die *Crazy 88*, bei der Kiddo mit akribischer Präzision und Erhabenheit eine Vielzahl an Gegnern tötete, sind es die Umgebung und die Bewaffnung, die den Unterschied machen. Kiddo bleiben an dieser Stelle gegen Elle nichts als ihr Körper
und der Raum, dessen Inventar sie zweckentfremden muss. Die Inszenierung, allen voran durch Kameraeinstellungen und -perspektiven, bestimmt dabei die

Räumlichkeit und schafft einen engen Raum, in dem nicht einmal Platz für das Ausziehen eines Schwertes ist. Die Schläge und Tritte sowie das Zerbrechen der Gegenstände werden mit lauten Kampf- und Bruchgeräuschen unterlegt, die den Soundtrack der Szene bilden. Die Ausnahme machen die Titelmusik von *I giorni dell'ira* (vgl. ebd.: 105) und eben Ennio Morricones Komposition. Vielleicht ist dies der Aspekt, der die Komik fördert, allerdings ist das in jedem Fall subjektiv zu bewerten. Eine bestimmte Gewaltdarstellung bietet der Kampf gegen Elle allemal. „Statt eines ästhetischen, würdevollen Schwertkampfes, wälzen sich die Damen in Budds Toilette herum, ringen, treten, nehmen sich in den Schwitzkasten" (Grabowski 2007: 67), schreibt Grabowski. Dies erinnert damit zugleich an den Kampf gegen O-Ren. Lindemann und Schmidt besprechen gerade die Räumlichkeit in *Kill Bill* und schreiben, die besprochene Szene betrachtend, dass die Räume in *Kill Bill* den Genrekonventionen gehorchten, auch wenn aufgrund von Tarantinos Inszenierungsmethoden dies nicht auf alle Räume von *Kill Bill* zutreffe. So sei Kiddo eine Repräsentation des Eastern, während Budd, der vorher von Elle erledigt wird, den Western repräsentiert. Elle Driver sei „eine Figur, die sich weder an die Genrekonventionen des Western noch an die des Eastern hält", weswegen sie in der Western-Szenerie auch nicht von Kiddo getötet werden könne, das ließe der „genrespezifische Raum" nicht zu (Lindemann/Schmidt: *Die Liste der Braut. Einige Bermerkungen zur Filmästhetik von Quentin Tarantinos Kill Bill.* Seiten 143-145). Der Großteil des Kampfes ist allerdings nicht unbedingt des eines Eastern gleich, wenn wir ihn mit dem gegen O-Ren vergleichen. Vielmehr ‚verprügeln' sich die beiden Frauen. Die Konvention setzt erst ein, wenn sich beide mit ihren Schwertern gegenüberstehen, was auch Anderson schreibt:

> The overall fight sequence in "Elle and I" is structured in two parts: the first, as discussed, a dirty "masculine" fight. The second part is then based on a standard Hong Kong martial arts theme of revenge for the killing of a beloved teacher (we discover that Elle had „treacherously" poisoned Pai Mei). (Anderson 2005).

Der schmutzige, maskuline Kampf, hindeutend auf Genderkonventionen, die in *Kill Bill* zu analysieren sind, an dieser Stelle aber nicht das Thema bilden, findet so lange statt, bis Kiddo und Elle beide mit einem Schwert bewaffnet sind und Kiddo eher Pai Mei rächen will als ihr Kind. In diesem verlässt auch Kiddo die Konventionen des Eastern, welche wir in *Kill Bill Vol. 1* erkennen können, weshalb es nun auch einen anderen Kampf gibt.

2.2.4 Kiddo vs. Vernita

Der Kampf gegen Elle stellt ebenso einen Rückbezug zu Vernita Green dar. In der Chronologie des Films, nicht der der Handlung, sehen wir zuerst den Tod Vernitas durch Kiddo, bevor wir von O-Rens Vergangenheit erfahren und den Kampf gegen sie sehen. Auch hier werden Gegenstände, die aus der Umgebung stammen, als Waffe benutzt. Ein Vergleich auf dieser Basis ist möglich, aber diese einleitende Sequenz bietet weitere Analyseansätze, die in der hier zitierten Literatur vermisst wird. Die Räumlichkeit wird hier noch einmal durch verschiedene Kamerafahrten verdeutlicht, besonders dann, wenn die Darstellung eines Hauses und die Verortung in das Erdgeschoss ignoriert werden und die Kamera in der Aufsicht über die Wände hinwegfährt, als gäbe es keine Decke. Kapitel 2, also die Sequenz, in der Kiddo gegen Vernita in deren Haus kämpft, ist von hellem Licht und grellen Farben bestimmt. Die Farbsättigung und der Kontrast sind ungewöhnlich hoch, was sich von der anfänglichen Schwarzweiß-Einstellung deutlich abhebt.

Der Kampf beginnt hier mit dem Öffnen der Tür, der Rückblende zum Massaker in Two Pines und dem direkten unangekündigten Schlag Kiddos in Vernitas Gesicht (vgl. *Kill Bill Vol. 1*: 00:04:07). Die Mutter muss von einer Sekunde auf die nächste ihre wohl versteckten Kampffähigkeiten hervorholen, um sich zu wehren. In dem Moment des Wiedererkennens der beiden, noch vor dem ersten Schlag, wechselt die Kamera ihre Position von der Außensicht zur Innensicht, welches in seiner vorherigen Präsentation eher einem Puppenhaus gleicht. Sogleich sich Vernita wehrt, wird Kiddo auch schon gegen die Wand geworfen (vgl. ebd.: 00:04:28) und dadurch stellt sich erstere als ebenbürtig im ‚Kampf der Körper' dar. Wenn Kiddo sie auf den Glastisch wirft, benutzt Vernita das zerbrochene Tischbein als Schlagwaffe (vgl. ebd.: 00:04:38). Einige Sekunden später befreit sie sich mit einem Schürhaken aus dem Würgegriff (vgl. ebd.: 00:05:09). Wenig später benutzt sie sogar ein ganzes Regal, um Kiddo auszuschalten (vgl. ebd.: 00:05:18). Dies verschafft ihr aber lediglich Zeit, um in der Küche nach einem Messer zu greifen, bevor Kiddo ihr hinterhereilt und der Kampf weitergeht (vgl. ebd.: 00:05:28). Schließlich haben beide ein Messer und stehen sich im Wohnzimmer gegenüber, in einer amerikanischen Einstellung in Normalsicht (vgl. ebd.: 00:06:00, Abb. 24). Hier erweitert sich der Handlungsspielraum auf den Hintergrund, welcher durch das zu einer Leinwand umgewandelte Fenster ersichtlich wird. In genau diesem Moment kommt Vernitas Tochter Nikki nach Hause. Eine Nahaufnahme von Vernitas Gesicht (Abb. 25) stellt ihre Mimik dar, die die Bitte an Kiddo offenbart:

bitte, kämpfe nicht vor meinem Kind mit mir (vgl. ebd.: 00:06:38). Überraschenderweise kommt Kiddo dieser Bitte nach. Die so triviale Frage nach dem Kaffee hebt sämtliche vorher geschehene Gewalt in seiner Drastik auf und bildet so einen komischen Moment. Der Kampf wird von einem Dialog und dem Sprechen Kiddos aus dem Off unterbrochen. In diesem wird erklärt, warum Kiddo überhaupt an diesem Ort ist, wer Vernita ist und was sie verbindet. Außerdem wird deutlich, dass Kiddo die Tatsache, dass Vernita Mutter ist, nicht in ihrer Rache aufhalten kann, da sie selbst ein Kind durch Vernita und die anderen auf der Liste verlor. Als Vernita schließlich zu einem überraschenden Angriff übergeht und mit einer in der Cornflakesschachtel versteckten Pistole auf Kiddo schießt, wird die Zeit verlangsamt. Aus der Untersicht (Abb. 26) ist das Manöver gefilmt, in dem Kiddo ihren Kaffeebecher fallen lässt und ihn in Richtung Vernita tritt. Diese weicht aus und in diesem Moment zückt Kiddo ihr Messer, wirft es dem Becher hinterher in Vernitas Brust und tötet sie damit (vgl. ebd.: 00:12:04). Interessant ist die direkt folgende Bewertung der Gewalt: Nikki hat den Tod ihrer Mutter mitangesehen und Kiddo erklärt ihr, ihre Mutter hätte diesen verdient. Dies stellt eine Rechtfertigung dar, die auch für die im weiteren Verlauf folgende Gewalt gelten soll. Es dient aber auch der Position Kiddos zum Thema Gerechtigkeit, denn sie verspricht Nikki, dass sie auf sie warten wird, falls diese sich rächen will (vgl. ebd.: 00:12:47).

Vernita, die Zweite auf der Liste, und der Kampf gegen sie dienen nicht zuletzt zur Einführung von Kiddos Kampfkünsten. Sie kontrastieren aber auch das Leben der Auftragskiller zu dem in der Vorstadt. Vernita hat eine Tochter geboren und ein Haus in der Vorstadt in Pasadena samt Ehemann, hat also das Leben, welches Kiddo eigentlich hätte haben sollen, wenn Bill und das *Squad* nicht gewesen wären. Der Rückbezug, der sich nun zum Kampf gegen Elle stellt, liegt im Hanzo-Schwert. Obwohl Kiddo das Schwert längst besitzt, sehen wir es in dieser Szene nicht. Zum einen liegt das daran, dass die Mythologie des Schwertes sich im Film durch seine Herstellung und die Figur Hattori Hanzo entfalten soll, zum anderen an der Tatsache, dass Kiddo hier keiner Schwertkämpferin gegenübersteht. Es wäre kein Schwertkampf möglich, sondern Kiddo wäre wohlmöglich überlegen, und das widerspricht wahrscheinlich ihrer Ehre als von Pai Mei ausgebildete und Hattori Hanzo belehrte Samuraikriegerin. Vernitas Schachzug widerspricht der vorher abgemachten Verabredung, sich nachts um 2:30 Uhr auf einem Baseballfeld zu treffen, um den Kampf dort fortzuführen. Die Abmachung wird deshalb getroffen, weil Vernita ihre Tochter heraushalten möchte. Kiddo willigt ein. Dass

Vernita dann plötzlich auf Kiddo schießt, ist nicht überraschend. Ihr Handeln bestätigt die Verortung ihrer Figur außerhalb des Feldes der Samurai, denn ein solches Verhalten widerspricht dem Ehrenkodex. Die Betrachtung dieses Sachverhaltes wird in Punkt 3.2 eingehender thematisiert.

Vernita wird also nicht mit dem Schwert getötet, wie O-Ren, sondern mit einem Messer. Kiddo tötet lediglich O-Ren mit dem Schwert, Elle lässt sie erblindet und gepeinigt am Leben und Budd wird von Elle getötet. Die Frage nach einem ursprünglichen Plan Kiddos kommt auf: Sie wollte Budd mit dem Hanzo töten und bei Elle war es fast so weit, bei Bill greift sie auf die *Fünf-Punkte-Pressur-Herz-Explosionstechnik* zurück, weil er ihr das Schwert aus der Hand schlagen kann. So bleibt als Opfer des Schwertes von der *Death List* nur O-Ren, was zwar den Umständen geschuldet ist, aber dennoch O-Ren zu einer Ausnahme macht. Hanzos Schwert wird zwar mit einer Kraft aufgeladen, die in der Massenschlacht in Tokio völlig explodieren kann, hat aber danach mehr oder weniger ausgedient, zumindest narrativ, was dazu führt, dass jedem weiteren auf der Liste ein anderes Schicksal ereilt.

Diese vier untersuchten Sequenzen in *Kill Bill* weisen alle eine unterschiedliche und doch auch verbundene Gewaltdarstellung auf. Ist es in der Animesequenz um O-Ren Ishii die dem japanischen Zeichentrick innewohnende Ästhetik, besonders beim Fließen und Spritzen von Blut, wird beim Kampf gegen die *Crazy 88* und O-Ren die Gewaltdarstellung in vielen schnellen und rhythmischen Einstellungen summiert und konzentriert. Die Konfrontation Elle Drivers lässt den Raum inszenatorisch Teil des Kampfes werden und verbindet durch den Schnitt die Musik mit dem Bild. Das Besiegen Vernita Greens stellt die Kampffähigkeit der Braut vor und dient der Exposition der Handlung, die Gewalt kontrastiert mit dem Setting. Doch die Untersuchung der Gewaltdarstellung ist nicht vollständig, wenn nicht der Ursprung der Ästhetik beschrieben wird. Unter dem Aspekt der Intertextualität, ein Begriff, der erst noch erläutert werden muss, sollen die in verschiedenen literarischen Quellen genannten Zitationen gesammelt werden, um dann die Untersuchung der Gewaltdarstellung, wie in Abschnitt 2 geschehen, zu kontextualisieren und gegebenenfalls zu erweitern. Das Ziel soll es sein, einen Zusammenhang zwischen der Gewaltdarstellung und der Intertextualität zu finden.

3 Intertextualität In *Kill Bill*

Wie eingangs erwähnt, ist *Kill Bill* ein Werk, das von Anspielungen und Zitaten aus die Filmwelt lebt und somit einem filmischen Eklektizismus folgt, resultierend in einer „Hommage auf mehr Filme, als die meisten Filmkritiker am Ende ihres Lebens gesehen haben werden" (vgl. Körte 2003: *Die blutige Geschichte von Q und U. Wo war Quentin Tarantino die letzten sechs Jahre? Und warum kommt er uns jetzt mit »Kill Bill«?* Seite 25). Am deutlichsten wird dies bei der Auswahl des Soundtracks. Isaac Hayes, der mit seinem Spitznamen *Black Moses* ein berühmter Vertreter afroamerikanischer Soulmusik war, tritt in *Kill Bill* an mehreren Stellen auf. Ennio Morricone, einer der berühmtesten Komponisten von Western-Soundtracks, findet sich häufig in *Volume 2*. Die Stücke, die von den beiden berühmten Komponisten verwendet werden, wurde jeweils für frühere Filme geschrieben. Das Titellied des japanischen Samuraifilms *Lady Snowblood* (1973)[13], der folgend noch häufiger Erwähnung finden wird, kann in *Volume 1* gehört werden. Am ikonischsten und häufigsten mit *Kill Bill* verbunden werden dürften sowohl Nancy Sinatras *Bang Bang (he shot me down)* und *Battle without Honor or Humanity* von Tomoyasu Hotei, außerdem *Twisted Nerve* von Bernard Herrman. Der Einsatz von Soundtracks anderer Filme ist nur einer von vielen Referenzen, der am leichtesten zu verstehen ist. Viele Verbindungen zu Filmen lassen sich in *Kill Bill* finden, gar unzählige[14]. Dies führt unweigerlich zu der Einhaltung eines Betrachtungskontextes, in diesem Fall das der Darstellungsmethoden von Gewalt in den vier ausgewählten Sequenzen in Bezug auf den Begriff der Intertextualität.

Frauke Berndt und Lily Tonger-Erk wollen in den Intertextualitätsbegriff einführen. Der Weg zum Verständnis führe auch über die Textualität, also die Eigenschaft des Textes (vgl. Berndt/Tonger-Erk 2013: *Intertextualität. Eine Einführung.* Seite 8). Was ein Text genau ist, darüber diskutieren Literatur- und Sprachwissenschaft, sowie die Medienwissenschaft. Wichtig für die Hinführung zum Filmkontext ist das Verständnis, dass der Textbegriff heute nicht mehr nur der Sprachwissenschaft und der Schrift zugeordnet wird. Denn „[...] selbst visuelle

---

[13] Shurayukihime ist im englischen und deutschen Sprachraum als Lady Snowblood erschienen, dieser Titel soll fortlaufend aufgrund einfacherer Lesbarkeit bei der noch häufigen Erwähnung benutzt werden.

[14] Die nicht immer zuverlässige, aber dennoch aufschlussreiche Internet Movie Database (IMDb) bietet eine Liste an Referenzen, welche unbedingt sehenswert ist. Zu finden unter http://www.imdb.com/title/tt0266697/movieconnections, letzter Zugriff am 26.01.2015.

und auditive Medien sind Texte, insofern sie komplexe Bedeutung transportieren. Folglich werde der Textbegriff sowohl für schriftlich überlieferte, [...] als auch für andere mediale Äußerungsformen" verwendet (ebd.: 9). Intertextualität sei dann eine „semantisch relevante Eigenschaft von Texten, die den Textbezug voraussetzt" (ebd.: 11). Die Beziehung zwischen Texten zeichne „sich auch durch das doppelte Paradox von Verbindung und Trennung sowie von Differenz und Ähnlichkeit aus" (ebd.). Darauf aufbauend ist es Hickethier, der erklärt, dass in dem „Wechsel zwischen den filmischen und kinematographischen Zeichen [...] die besondere Textstruktur des Medientextes Film [liegt]" (Hickethier 2010: *Einführung in die Medienwissenschaft*. Seite 107). Hickethier verweist dabei auf Paech und die von ihm beschriebene Möglichkeit, Filme durch Zurück- und Vorwärtsspringen, durch Überspringen und Anhalten wie einen Text lesen zu können (vgl. ebd.).

Gemeint ist also das Wiedererkennen von bestimmten Merkmalen eines Textes in einem anderen Text. Wobei es sich nicht um einen geschriebenen Text wie in einem Buch handeln muss, vielmehr wird der Textbegriff auf alle Medien übertragen. Der Text ist das Medium, in diesem Fall der Film. Im Unterschied zur Intermedialität wird die Intertextualität so verstanden, dass sie ihr Medium nicht verlässt. Das geschriebene Wort verweist auf das geschriebene Wort, der Film verweist auf den Film, und so weiter. Nicht nur die Handlung eines Films kann so ein Merkmal sein, auch der Soundtrack, die *Mise en scène*, die Dialoge, die Wahl der Schauspieler et cetera.

3.1 Übersicht an zitierten Werken

Dass *Kill Bill* intertextuelle Bezüge aufweist, ist bekannt und wird vielerorts besprochen. Die Verwendung von Musik, die bereits in einem anderen Film vorkam und gar für diesen komponiert wurde, ist ebenso ein solcher Bezug wie das wörtliche Zitieren aus einem anderen Film. Wenn Einstellungen genauso aussehen wie dort und die Handlung genauso oder ähnlich erzählt wird, dann ist das ein intertextueller Bezug und als ebensolcher zu untersuchen.

Die Quellen der intertextuellen Bezüge von *Kill Bill* liegen hauptsächlich im Western und im Eastern. Grabowski sieht „im ersten Teil von *Kill Bill* eher asiatische Motive und im zweiten amerikanische", auch wenn einige Szenen zu dieser Aussage im Widerspruch stünden, wie „die Copszene im ersten Teil" und die „Ausbildung bei Pai Mei im zweiten Teil" (Grabowski 2007: 21). Hauptmerkmale seien aber O-Ren Ishii und Budd als Yakuza-Chefin und Cowboy, die Wahl der Schauplätze Tokio und die Wüste Kaliforniens und die Art des Kämpfens (vgl.

Grabowski 2007: 21-22). Die Struktur von *Volume 1* bezieht Grabowski, mithilfe von Anderson, auf die Regeln des *Grindhouse*-KinoKampfes, an die sich *Kill Bill* orientiere: „Der Held bzw. die Heldin muss sich zuerst durch Vorstufen kämpfen, um dann, meist schon geschwächt und lädiert von den Vorrunden, dem ‚richtigen' Gegner gegenüber zu treten" (ebd.: 36). Das Thema um O-Ren und die Yakuza werde nach den systematischen Regeln dieser kriminellen Untergrundorganisation und auch ihrer filmischen Darstellung präsentiert (vgl. ebd.). Zur Verortung in den filmischen Osten komme es durch das Aufgreifen der dortigen Mythologie um die Samurai und des Kung-Fu, thematisiert durch Hattori Hanzo und Pai Mei. In *Kill Bill* seien ebenso die Inszenierungsmethoden der *Chambara* (Samurai-filme) von Shōzō Makino zu finden. Die Verortung im Western liege neben des Settings auch an der Tragik der Figuren und der Abgeschiedenheit des Ortes (vgl. ebd.: 58-60).

Überblickend sind noch *Truck Turner*, dessen Titelmusik gespielt wird, Sergio Leone durch den „Leone-Shot", also die Großaufname der Augen, einige Vertreter des Italo-Westerns, zum Beispiel *Da uomo a uomo* und *I giorni dell'ira* (Blaseio/Liebrand 2006: 23-24). Auch *The Searchers*, die Fernsehserie *Kung Fu* in Zusammenhang mit der Besetzung David Carradines als Bill, die Figur Pai Mei, welche in *Volume 2* und in mehreren Filmen der Siebziger, zum Beispiel in *Hung wen tin san po pai lien chiao* auftaucht (vgl. ebd.: 27-29). Elle Driver erinnere an die Protagonistin des Films *Thriller – en grym film* aus Schweden und eröffne den Blick auf die „Rape-Revenge-Filme", der Titel von Kapitel 10 und die Konfrontation von Bill an Filme von Ingmar Bergman (ebd.: 30-31)[15]. Durch die Verwendung von Stücken des Komponisten Luis Bacalov können auch die Bezüge zu den Filmen hergestellt werden, für die er sie komponierte[16]. Schnell wird deutlich, dass die Erfassung des gesamten intertextuellen Kosmos von *Kill Bill* ein vertieftes Filmwissen voraussetzt und vor allem nur schwer zu vervollständigen ist. Blaseio und Liebrand geben einen vertiefenden Einblick in das, was in *Kill Bill* an intertextuellen Bezügen vorgenommen wird. Mein sieht in der Zufriedenstellung der Rezipienten nach dem „Herausfiltern intertextueller Versatzstücke" einen Grund für den Erfolg von *Kill Bill*, vergleicht die Zitation so vieler Quellen gar mit der *Bricolage* nach Claude Lévi-Strauss, nach der man mit der Neukontextualisierung von Material einen neuen Sinn in und durch Kombinatorik und Asso-

---

[15] Dies seien Ansikte mo Ansikte (1976) und Scener ur ett äktenskap (1973).
[16] Il grande duello (1972) und Una verana para matar (1972).

ziation schaffe (Mein 2006: 81). Die nach methodischer und systematischer Recherche erfahrenen Zusammenhänge, welche Blaseio und Liebrand in ihrem Text über die Einordnung von *Kill Bill* in das sogenannte *World Cinema*, verstärken diese Vermutung. Ihre Ergebnisse, das kann wohl nicht verhindert werden, führen immer wieder auf die eigenen Vorlieben Tarantinos zurück. Sie sind aber auch die Summe verschiedener Recherchen, welche die Zuschauenden im Kino nicht bewältigen können. Das Erfassen der intertextuellen Bezüge ist im Kino wohl nur für Filmbegeisterte denkbar, erdenklich ist aber, dass es eher bei der späteren Wiederholung auf der DVD, mit Pausefunktion, passieren wird. Ein gutes Beispiel ist dafür der Hintergrund zu den in *Volume 1* eingangs eingeblendeten Texttafeln der Firma *Shawscope* und „Our Feature Presentation" (*Kill Bill Vol. 1*: 00:00:12), welche auf die asiatischen und amerikanischen Kinofilme der Siebzigerjahre und des *Grindhouse*-Konzept hindeuten (vgl. Blaseio/Liebrand 2006: 17). Der Bezug zu *Star Trek* ist da aufgrund der Offenlegung der Quelle noch deutlicher (vgl. ebd.). Das Zitat über die Rache führt Blaseio und Liebrand zum Briefroman *Les Liaisons dangereuses* von Pierre Choderlos de Laclos und der Stephen-Frears-Verfilmung *Dangerous Liaisons* von 1988, ebenfalls mit Uma Thurman. Ein Unterschied sei das Ausführen der Rache: In Frears Film sei dies die „psychologische Kriegsführung", was in *Kill Bill* „eher selten" der Fall sei (ebd.: 18-19). Das Stichwort ist hier die körperliche Gewalt, das den Vergleich mit Laclos' Briefroman im Zusammenhang mit dieser Arbeit uninteressant macht. Vielmehr ist es der japanische Samuraifilm *Lady Snowblood*, zu dem *Kill Bill* einen intertextuellen Bezug zur Gewaltdarstellung aufweist. Blaseios und Liebrands Beschreibung der verbindenden Merkmale von *Lady Snowblood* erwähnt die Unterteilung in Kapitel durch Texttafeln, die gebrochene Chronologie und die im Zentrum stehende „Rache einer Frau" (ebd.: 21). Kaul und Palmier erwähnen auch die direkte Übernahme einer Einstellung aus *Lady Snowblood*, nämlich die Untersicht von Elle, Budd, Vernita und O-Ren, eine Darstellungsform der Gegner, welche in Lady Snowblood ebenso stattfindet (vgl. Kaul/Palmier 2013: 86-87). Da *Lady Snowblood* sowohl hier, als auch bei Grabowsky, Blaseio und Liebrand und Kaul und Palmier Erwähnung findet und die inhaltliche sowie dramaturgische Ähnlichkeit sehr stark ist, kann er als die grundlegendste Quelle für intertextuelle Bezüge bezeichnet werden, gerade in Bezug auf die Gewaltdarstellung.

3.2 Zitation von Gewalt

Die Darstellung der Gewalt der in Punkt 2 analysierten Szenen liegt den intertextuellen Bezügen als ein Teil des Films zugrunde. Die Animesequenz, welche die Hintergrundgeschichte von O-Ren Ishii erzählt, sei nach Anderson eine Sequenz der gewaltsamen Taten und Bilder. Diese Bilder dienten der Überlieferung von O-Rens von Gewalt beherrschtem Weg an die Spitze der Macht (vgl. Anderson 2005). Die Darstellung der Gewalt folge, so Grabowski, den Regeln des Anime, also dem intertextuellen Bezug. Sie nennt unter anderem „Matsumotos verzerrtes Gesicht, als sie ihm das Schwert in den Bauch rammt", seine zerbrechenden Zahnreihen „und natürlich die extremen Blutströme". Die Musikauswahl sei dagegen untypisch für den Anime (Grabowski 2007: 55). Tatsächlich folgt der Soundtrack hier nicht der östlichen Verortung, sondern verweist auf die Filme *Il Grande Duello* und *I Lunghi Giorni Della Vendetta* (vgl. ebd.). Zumindest die ersten beiden Italo-Western sind mit dem Schicksal O-Rens jeweils durch das Motiv der Rache verbunden[17]. Das Blut ist ein Instrument der Gewaltdarstellung. Grabowski bezeichnet das Strömen des Blutes als einen „Kontrast der üblen, dunklen, grausamen Yakuzawelt zum verängstigten Diplomatenkind" (ebd.: 56).

Dies leitet wieder über zu *Lady Snowblood*, denn Grabowski und Blaseio und Liebrand sind sich einig, dass O-Ren mit der Hauptfigur dort zu vergleichen ist. Für erstere sind es „Kostüm und Szenerie" (ebd.), für letztere ist es die „*backstorywound*, die Ermordung ihrer Eltern" und ihr blutiger Tod im Schnee, welche O-Ren zu einer „literale[n] Lady Snowblood" mache (Blaseio/Liebrand 2006: 22). Der Unterschied sei nur, dass in *Lady Snowblood* das Ende der Hauptfigur nicht gezeigt und somit ungewiss bleibe (vgl. ebd.). Nicht nur die Verbindung zu O-Ren lässt den intertextuellen Bezug zu *Lady Snowblood* im Bezug zur Gewaltdarstellung wichtig erscheinen. Beide Filme verließen die Realitätsebene, wenn es um die Menge des Blutes geht, es erstreckten sich hier wie dort „Blutfontänen, Blutströme und sogar ein Blutmeer" (Grabowski 2007: 46-47). O-Ren habe mit dem Film selbst die Gemeinsamkeit der multiplen Kulturen. Die in der Kampfszene gegen die *Crazy 88* vorkommenden Einsätze von Handkameras und „hektische Zooms" verwiesen auf die „visuelle Gestaltung der Hongkongfilme", also der chinesischen Filme des Labels *Shawscope*, während sich *Kill Bill* an japanischen Schwertkämpfen orientiere. Außerdem sei der gesamte Kampf gegen die *Crazy 88* ein Zitat des Finales von *Ma Yong Zhen*, eines chinesischen Films der Siebzigerjahre (ebd.: 22-23). Hier folgt sicher nicht jede Einstellung *Kill Bills* die von *Ma Yong Zhen*, aber gemeinsam haben sie die Multiplizierung von Gewalt-

---

[17] In Il Grande Duello nimmt der Hauptcharakter Rache an denen, die ihn zu Unrecht beschuldigt haben einen Patriarchen ermordet zu haben, in I Lunghi Giorni Della Vendetta steckt die Rache schon im Titel, die die Hauptfigur an denen ausüben will, die ihn ins Gefängnis brachten.

akten. Außerdem sei die Szene, die vor dem leuchtend blauen Hintergrund statt-findet und in der man nur sie Silhouetten der Figuren kämpfen sieht, ein Zitat von *Samurai Fiction* (Kaul/Palmier 2013: 81).

Der Kampf gegen Elle ist nach Anderson ein Kampf, der typischen Martial-Arts-Motiven folgt, aber in einem alltäglichen Setting ausgetragen wird (vgl. Anderson 2005). Auf der akustischen Ebene entsteht vor allem eine Anspielung zum Film *Navajo Joe* (1966), in dem es, wie bei den bereits erwähnten Western, auch um Rache geht. Die beiden Filme verbindet der Einsatz von Ennio Morricones Musik, der Schnitt richtet sich wiederrum nach der Musik. Elle Driver erinnert mit ihrer Augenklappe nicht nur an Frigga aus oben genanntem Thriller, sondern auch an Kurt Russels Figur in *Escape from New York* (1981). Auch rahmende Bezüge zur Handlung Kill Bills finden sich. Die Verbindung zwischen Elle und Kiddo ist nicht nur ihre gemeinsame Vergangenheit im *Squad* oder die (ehemalige) Liebe zu Bill, sondern auch die Ausbildung bei Pai Mei. Dass Elle Pai Mei tötet, steigert Kiddos Wut auf sie nur noch. Grabowski bezeichnet die Tatsache, dass sie Elle das zweite Auge herausreißt, als „adäquate Strafe". Außerdem steige Kiddo „was die Kräfteverteilung angeht [...] auf eine Stufe mit Pai Mei" (Grabowski 2007: 69).

Bei Vernita Green liegen die intertextuellen Bezüge eher unter der Oberfläche. Es setzt keine Musik ein, die Verweise sind nur über Charaktere, Komposition und Dialog zu erkennen. Die Ausnahme: Es ertönt das erste Mal ein Auszug aus dem Titelthema von Quincy Jones für die Krimiserie *Ironside*. Allerdings, und das ist wesentlich interessanter, spiegelt sich *Kill Bill* im Nachhinein auch selbst in dieser Szene, vorgreifend. Durch Nikki, die jetzt ebenso eine Motivation für Rache hat, ein traumatisches Erlebnis hat wie O-Ren und auch Kiddo, öffnet sich der Film einer möglichen Fortsetzung und durchbricht damit das geschlossene Ende, dass durch das Eliminieren aller Feinde, das Erreichen des Endziels und der Wieder-vereinigung mit der Tochter entsteht. Sie ist quasi die Dritte im Bunde. Kiddo verlässt aus dieser Perspektive die Position der Heldin und wird so für Nikki zur Feindin. Das Rad dreht sich also immer weiter.

Die Art und Weise, auf die Vernita stirbt, macht einen Aspekt der zu sehenden Gewalt in Kill Bill deutlich. Das Handeln der Figuren richtet sich stellenweise nach einer Art Kodex. Dieser eröffnet sich mehr oder weniger unausgesprochen an einigen Stellen des Films. So ist es auch nicht als unlogisch zu erachten, dass niemand Kiddo im *House of Blue Leaves* einfach erschießt, denn dies würde schlichtweg der Ehre des Schwertkämpfers widersprechen.

Oder dass Kiddo Nikki, als mögliche Gefahr der Zukunft, ermordet. Nach Grabowski halte sich Kiddo an einen solchen Kodex. Zum einen äußere sich dies in der Abmachung, den Kampf zu einem späteren Zeitpunkt fortzuführen. Zum anderen darin, dass Kiddo Vernita die Wahl des Zeitpunkts und der Waffen überlässt, denn ein Samurai „sei jederzeit bereit". Kiddo bliebe ruhig und erkläre Nikki die Umstände gelassen. Die darauf im Off einsetzende Stimme Hattori Hanzos, die erkläre, dass es für die sogenannten Krieger im Kampf nur um den Sieg über den Feind gehe und sie daher jede Empathie unterdrücken und jeden töten müssten, der sich ihnen in den Weg stellt, selbst wenn es Gott oder Buddha seien (vgl. *Kill Bill Vol. 1*: 00:13:50), symbolisiere für Anderson den Konflikt des Films, der „Unvereinbarkeit zwischen Killerdasein und Mutterschaft", sodass Kiddo Nikki hätte töten müssen (vgl. Anderson 2005). Grabowski widerspricht dem und nennt den theoretischen Mord an Nikki eine „völlig übertriebene Überinterpretation der Worte Hattori Hanzos". Die Aufgabe, ein Kind zu töten, werde weder im Western oder im Eastern vom Helden verlangt, es gelte die Regel Kinder zu verschonen. Kiddo folgt dem Kodex eben deshalb, weil sie Vernita trotz Nikki töte und weil sie Nikki trotz ihrer Muttergefühle nicht töte. Sie ließe sich nicht von Gefühlen ablenken, was von Disziplin und Selbstbeherrschung zeuge, und sie übernehme auch noch die Verantwortung für ihre Taten. Des Weiteren beschreibt Grabowski den prägnanten Unterschied zwischen Kiddo und Vernita, der aus diesem Kodex entspringt. Vernita habe versucht, sich durch Ehemann und Kind aus der Verantwortung zu ziehen und Kiddo beweise „Ehre und Edelmut", indem sie Nikki respektvoll die Möglichkeit der Vergeltung überlasse (vgl. Grabowski 2007: 48-50).

Dies hilft, nicht zuletzt dem Zuschauenden, die Gewalt Kiddos zu verstehen. Sie findet demnach nicht nur unter dem Rachemotiv statt, sondern auch innerhalb eines Rahmens, der von der Ehre eines Samurai bestimmt ist, die Kiddo von Hattori Hanzo erläutert wird. Unter diesem Aspekt erlebt das Töten in Kill Bill eine Loslösung von purer, hasserfüllter Rache ohne Gnade und Rücksicht auf Verluste, sondern setzt es in einen viel höheren Kontext, was die Kritiken an Kill Bill, er verherrliche sinnlose Gewalt, zumindest ansatzweise negiert. Dadurch lässt sich nun auch ein Zusammenhang zur Darstellung finden.

3.3 Der Zusammenhang zwischen Ästhetik und Zitation

Der Zusammenhang zwischen der in Punkt 2 erläuterten Gewaltdarstellung und der in Punkt 3 untersuchten Intertextualität von Quentin Tarantinos *Kill Bill* ist nun greifbar. Wenn man die Gewalt in *Kill Bill* als das Kommunikationsmittel der

Protagonisten, allen voran Beatrix Kiddo, ansieht, kann man sie mit einem Streitgespräch vergleichen, bei welchem die Stimmen lauter werden und auch schon einmal mit der Faust auf den Tisch gehauen wird.

Was Kiddo angetan wurde, muss sie vergelten, und das mit ihrem Verständnis von ausgleichender Gerechtigkeit. In ihrer Welt muss Blut mit Blut bezahlt werden. Sie rächt sich in dem Glauben, dass ihr Kind tot ist, unwissend über das Überleben ihrer Tochter. Da sie eine Auftragskillerin ist und das Leben in diesem Beruf von Gewalt und Mord bestimmt ist, ist der Sprung von Komapatientin zu Schwertkämpferin nicht groß. Die Verortung von Kiddos Charakter in diesem kriminellen Milieu, ihre Ausbildung bei Pai Mei, ihr besonders starkes Schwert, all diese Elemente kulminieren in der gänzlichen Präsentation ihrer Entschlossenheit: dem Besiegen der *Crazy 88*, der Konfrontation von Elle ohne ihr Hattori-Hanzo-Schwert und dem letztlichen Gegenübertreten ihres wohl mächtigsten Gegners Bill. *Kill Bill* hält sich die abarbeitende Struktur des Rachefilms als Gesetz und stellt in keinem Moment die Notwendigkeit der Gewalt infrage. Der Stil des Films gestaltet sich durch die einzelnen intertextuellen Bezüge. Kiddo arbeitet die Liste ab, sie beginnt mit O-Ren Ishii und die Welt, die sich bis zu diesem Kampf aufbaut, ist eine im Eastern verankerte Samurai- und Yakuzawelt, in der die Genreregeln herrschen, ihre Herrschaft aber auch gestürzt wird. Wenn Kiddo dann zu Vernita Green, einer dunkelhäutigen Frau, in die Vorstadt kommt und sie aus heiterem Himmel angreift, dann äußern sich nicht zuletzt auch Bezüge zu *Blaxploitation*-Filmen, vor allem in der Sprache Vernitas. Mit Budd gelangen wir zum Western und in die Abgeschiedenheit und Einsamkeit der tragischen Figur von Bills Bruder. Den nicht stattfindenden Kampf zwischen Kiddo und Budd verhindert ein schneller Schuss mit der Schrotflinte, kein Schwerthieb.

Elle verbindet beide Welten, Eastern und Western, miteinander, da sie die Attitüde des Westerns hat, aber des Schwertkampfes mächtig ist. Sie ist stilvoll, aber ehrlos. Deswegen kämpfen die Frauen mit den Fäusten und anschließend mit dem Schwert. In Bills Figur manifestiert sich der Mythos um Hattori Hanzo, Pai Mei und seine Person selbst. Hanzo fertigt Kiddo das Schwert trotz seines Schwurs, nie wieder eines herzustellen, an, damit sie damit Bill tötet. Der Mythos des Überschwerts ist aber schon durch den Kampf gegen O-Ren erzählt, deswegen wird er auch mit der geheimen Schlagtechnik getötet, die Pai Mei Kiddo lehrt, da sie im Gegensatz zu Elle seine Lehrmethoden respektiert und sich seinem Willen beugt. Die Genrezuordnungen folgen demnach mehr oder weniger den Charakteren des Films und den Genreregeln, die an mehreren Stellen auch gebrochen werden. Der Genremix gibt diese Prämisse vor.

4 Fazit

Kill Bill ist ein Film über Gewalt. Eine These, die durch die einfache Sichtung des Zweiteilers belegt ist. In dieser Arbeit wurde erörtert, dass die Gewalt in *Kill Bill* sich dem Motiv der Rache und der Struktur von Rachefilmen zuordnet, welches sich im Film durch das Abarbeiten der *Death List* äußert. Die Rache ist der Grund, warum Kiddo tötet. Wie sie tötet, liegt in ihrer Charakterisierung, ihrem Hintergrund und ihrer Einhaltung eines Ehrenkodexes der Samurai begründet. Ihre Person selbst wird als rächende Braut mythologisiert. Sie benutzt das stärkste aller Schwerter, ein *Hattori Hanzo*. Dieses ist nur für sie geschmiedet und soll ihr bei dem Ziel, Bill zu töten, helfen. Die Darstellung der Gewalt hat einige Merkmale. Erstens greift sie an verschiedenen Stellen unterschiedliche Darstellungen auf, wie die Menge und das fontänenhafte Spritzen von Blut in den im Eastern verankerten Teilen. Zweitens lassen sich die Gewaltakte einzelner Sequenzen nicht zuletzt deswegen auch miteinander vergleichen, beispielsweise bei der Betrachtung der Dekonstruktion der Räumlichkeit. Drittens ist die Anpassung an den Raum zu nennen. Entweder werden Elemente des Raumes zum Kämpfen benutzt, wie beim Kampf Kiddos gegen Vernitas und Elles, oder der Raum eröffnet eine bestimmte Art des Kampfes. So breitet sich der Massenkampf im *House of Blue Leaves* aufgrund der Größe des Raumes sehr weit aus, in mehrere Bereiche und auch mehrere Etagen. Viertens spielen die intertextuellen Bezüge, die Kill Bill zu dem machen, was es ist, eine Rolle bei der Darstellung von Gewalt. Und darin liegt auch der Zusammenhang zwischen der Darstellung in Zitation von Gewalt: Wenn die Kung-Fu- und Samuraifilme der Siebzigerjahre zitiert werden, äußert sich das in Bildkompositionen, Geräuschen, Tötungsarten, Musik und Inhalt. Die Gewaltdarstellung ist ein Teil der filmischen Inszenierung und macht einen Großteil des Films aus, insbesondere im *House of Blue Leaves*, weshalb sich die Gewaltdarstellung an die intertextuellen Bezüge richtet. Hier ist unbedingt zu beachten, dass in Kill Bill nicht einfach Einstellungen eins zu eins kopiert werden. Kill Bill schafft eine Kollektion verschiedenster Bezüge und zitiert damit nicht bloß mehrere einzelne Werke, sondern schon vorhandene Filmzuordnungen, wie in Genres und Subgenres, und vermischt diese miteinander. In *Kill Bill* prallt der Westen auf den Osten und umgekehrt, es wird mitgenommen, was sich dazwischen befindet. Die intertextuellen Bezüge in *Kill Bill* ähneln einem bodenlosen Loch. Bei jeder Betrachtung von *Volume 1* und *Volume 2* finden sich neue Quellen und dabei ist der Ursprung nie sicher geklärt. Dies macht *Kill Bill* zu einem Film über Filme, vielmehr als einen Film über Gewalt. Die Gewalt ist eines der Mittel, mit dem zitiert wird.

Literaturverzeichnis

Anderson, Aaron: Mindful violence: the visibility of power and inner life in Kill Bill. http://www.ejumpcut.org/archive/jc47.2005/KillBill/index.html. Letzter Zugriff am 18.01.2015.

Barg, Werner C. und Plöger, Thomas: Nachwort: Das Kino der Grausamkeit zwischen Aufklärung in Faszination. In: Barg/Plöger: Kino der Grausamkeit. Bundesverband Jugend und Film e.V. Frankfurt am Main, 1996.

Berndt, Frauke und Tonger-Erk, Lily: *Intertextualität. Eine Einführung. (Grundlagen der Germanistik – 53)*. Erich Schmidt Verlag. Berlin, 2013.

Blaseio, Gereon und Liebrand, Claudia: »Revenge is a dish best served cold.« ›World Cinema‹ und Quentin Tarantinos Kill Bill. In: Geisenhanslüke/Steltz (Hrsg.): Unfinished Business. Quentin Tarantinos »Kill Bill« und die offenen Rechnungen der Kulturwissenschaften. Transcript. Bielefeld, 2006.

Grabowski, Cäcilie: Gewalt als Stilmittel. Warum fließt in Kill Bill so viel Blut? VDM Verlag Dr. Müller. Saarbrücken, 2007.

Heitmeyer/Hagan (Hrsg.): Internationales Handbuch der Gewaltforschung. Westdeutscher Verlag. Wiesbaden, 2002.

Hickethier, Knut: *Einführung in die Medienwissenschaft*. 2. Auflage. J.B. Metzler. Stuttgart, 2010.

Hickethier, Knut: *Film- und Fernsehanalyse*. 5. Auflage. J.B. Metzler. Stuttgart, 2012.

Kaul, Susanne und Palmier, Jean-Pierre: *Quentin Tarantino. Einführung in seine Filme und Filmästhetik*. Wilhelm Fink. München, 2013.

Körte, Peter: Die blutige Geschichte von Q und U. Wo war Quentin Tarantino die letzten sechs Jahre? Und warum kommt er uns jetzt mit »Kill Bill«?. In: FAZ am Sonntag (41) vom 12.10.2003.

Lindemann, Uwe und Schmidt, Michaela: Die Liste der Braut. Einige Bemerkungen zur Filmästhetik von Quentin Tarantinos Kill Bill. In: Geisenhanslüke/Steltz (Hrsg.): Unfinished Business. Quentin Tarantinos »Kill Bill« und die offenen Rechnungen der Kulturwissenschaften. Transcript. Bielefeld, 2006.

Mein, Georg: Kill Bill, Kleist und Kant oder: »You dind't think it was going to be that easy, did you?«. In: Geisenhanslüke/Steltz (Hrsg.): Unfinished Business. Quentin Tarantinos »Kill Bill« und die offenen Rechnungen der Kulturwissenschaften. Transcript. Bielefeld, 2006.

Steltz, Christian: Wer mit wem abrechnet: Intertextualität in Kill Bill. In: Geisenhanslüke/Steltz (Hrsg.): Unfinished Business. Quentin Tarantinos »Kill Bill« und die offenen Rechnungen der Kulturwissenschaften. Transcript. Bielefeld, 2006.

Wulff, Hans Jürgen: Mise-en-scène. In: Wulff, Hans Jürgen (Hrsg.): Lexikon der Filmbegriffe. http://filmlexikon.uni-kiel.de/index.php?action=lexikon&tag=det&id=4741, letzter Zugriff am 26.01.2015.

http://www.imdb.com/title/tt0266697/, letzter Zugriff am 26.01.2015.

http://www.imdb.com/title/tt0378194/, letzter Zugriff am 26.01.2015.

Filmverzeichnis

Da uomo a uomo. Regie: Guilio Petroni. 120 min. PEC. Italien, 1967.

Dangerous Liaisons. Regie: Stephen Frears. 119 min. Warner Bros. USA, 1988.

Escape from New York. Regie: John Carpenter. 99 min. AVCO Embassy Pictures. USA, 1981.

Hung wen tin san po pai lien chiao. Regie: Lieh Lo. 95 min. Shaw Brothers. China, 1980.

I lunghi gironi della vendetta. Regie: Florestano Vancini. 105 min. PCM. Italien, 1967.

Il giorni dell'ira. Regie: Tonino Valerii. 95 min. Sancrosiap. Italien, 1967.

Il grande duello. Regie: Giancarlo Santi. 98 min. Titanus. Italien, 1972.

Ironside (TV-Serie). Schöpfer: Collier Young. 199 Episoden. Universal TV. USA, 1967-1975.

Kill Bill Vol. 1. Regie: Quentin Tarantino. 111 min. Miramax. USA, 2003.

Kill Bill Vol. 2. Regie: Quentin Tarantino. 137 min. Miramax. USA, 2004.

Kung Fu (TV-Serie). Schöpfer: Ed Spielman. 60 Episoden. Warner Bros. Television. USA, 1972-1975.

Ma Yong Zhen. Regie: Cheh Chang, Hsueh Li Pao. 126 min. Shaw Brothers. China, 1972.

Navajo Joe. Regie: Sergio Corbucci. 93 min. C.B. Films S.A. Italien, 1966.

Samurai Fiction. Regie: Hiroyuki Nakano. 111 min. Peacadelic Studio. Japan, 1998.

Shurayukihime (Lady Snowblood). Regie: Toshiya Fujita. 97 min. Toho Film. Japan, 1973.

Star Trek II: The Wrath of Khan. Regie: Nicholas Meyer. 113 min. Paramount Pictures. USA, 1982.

The Searchers. Regie: John Ford. 119 min. Warner Bros. USA, 1956.

Thriller – en grym film. Regie: Bo Arne Vibenius. 104 min. BAV Film. Schweden, 1973.

Truck Turner. Regie: Jonathan Kaplan. 91 min. American International Pictures. USA, 1974.

Abbildungen

Chronologie des Films	Chronologie der Handlung
Vorspann (*Vol. 1*)	Kapitel 3 (*Vol. 1*) „The Origin of O-Ren"
Kapitel 1 (*Vol. 1*) „2"	Kapitel 8 (*Vol. 2*) „The Cruel Tutelage of Pai Mei"
Kapitel 2 (*Vol. 1*) „The Blood-splattered Bride"	Kapitel 6 (*Vol. 2*) „The Massacre at Two Pines"
Kapitel 3 (*Vol. 1*) „The Origin of O-Ren"	Vorspann (*Vol. 1*)
Kapitel 4 (*Vol. 1*) „The Man from Okinawa"	Kapitel 2 (*Vol. 1*) „The Blood-splattered Bride"
Kapitel 5 (*Vol. 1*) „Showdown at House of Blue Leaves"	Kapitel 4 (*Vol. 1*) „The Man from Okinawa"
Vorspann (*Vol. 2*)	Kapitel 5 (*Vol. 1*) „Showdown at House of Blue Leaves"
Kapitel 6 (*Vol. 2*) „The Massacre of Two Pines"	Kapitel 1 (*Vol. 1*) „2"
Kapitel 7 (*Vol. 2*) „The Lonely Grave of Paula Schultz"	Kapitel 7 (*Vol. 2*) „The Lonely Grave of Paula Schultz"
Kapitel 8 (*Vol. 2*) „The Cruel Tutelage of Pai Mei"	Kapitel 9 (*Vol. 2*) „ELLE and I"

Kapitel 9 *(Vol. 2)* „ELLE and I"	Vorspann *(Vol. 2)*
Kapitel 10 *(Vol. 2)* „Face to Face"	Kapitel 10 *(Vol. 2)* „Face to Face"

Abb. 1: Übersicht der Kapitelstruktur in *Kill Bill*. (Seite xx)

Vgl. *Kill Bill Vol. 1*. Miramax 2003. DVD, 2012. Und *Kill Bill Vol. 2*. Miramax 2004. DVD, 2012. Vgl. ebenso Kaul/Palmier: *Quentin Tarantino. Einführung in seine Filme und Filmästhetik*. Wilhelm Fink. München, 2013. Seite 96.

Abb. 2: Form- und Konturreduzierung. (Quelle: *Kill Bill Vol. 1.*)

Abb. 3: Menge und Farbe des Blutes. (Quelle: *Kill Bill Vol. 1.*)

Abb. 4: Die dreifache Wiederholung derselben Einstellung in variierendem Tempo.
(Quelle: Kill Bill Vol. 1.)

Abb. 5: O-Rens Blick. (Quelle: *Kill Bill Vol. 1.*)

Abb. 6: Matsumotos Blick. (Quelle: *Kill Bill Vol. 1.*)

Abb. 7: Weit. (Quelle: *Kill Bill Vol. 1.*

Abb. 8: Totale. (Quelle: *Kill Bill Vol. 1.*)

Abb. 9: Halbtotale. (Quelle: *Kill Bill Vol. 1.*)

Abb. 10: Amerikanisch. (Quelle: *Kill Bill Vol. 1.*)

Abb. 11: Halbnah. (Quelle: *Kill Bill Vol. 1.*)

Abb. 12: Nah. (Quelle: *Kill Bill Vol. 1.*)

Abb. 13: Groß. (Quelle: *Kill Bill Vol. 1.*)

Abb. 14: Ganz groß /Detail. (Quelle: *Kill Bill Vol. 1*.)

Abb. 15: Normalsicht. (Quelle: *Kill Bill Vol. 1*.)

Abb. 16: Aufsicht. (Quelle: *Kill Bill Vol. 1*.)

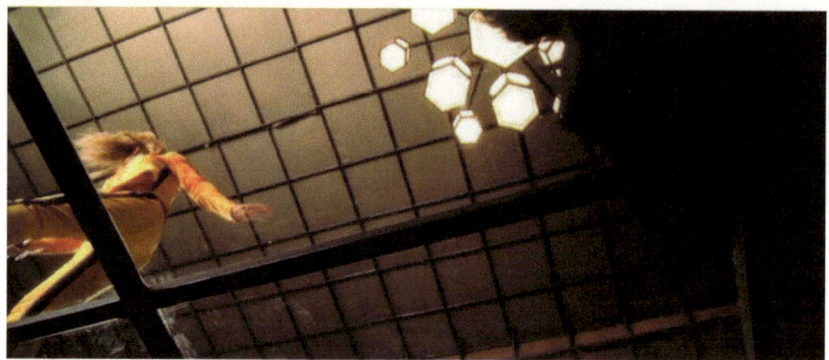

Abb. 17: Untersicht. (Quelle: *Kill Bill Vol. 1.*)

Abb. 18: Kiddos Angriff auf Elle. (Quelle: *Kill Bill Vol. 2.*)

Abb. 19: Elle und die Beengtheit des Raumes. (Quelle: *Kill Bill Vol. 2.*)

Abb. 20: Kiddo und Elle im rechten Winkel der Blickachse. (Quelle: *Kill Bill Vol. 2.*)

Abb. 21: Simultane Montage im Splitscreen. (Quelle: *Kill Bill Vol. 2.*)

Abb. 22: Die Zerstörung des Raumes. (Quelle: *Kill Bill Vol. 2.*)

Abb. 23: Die Augenpartien im Schnitt-Gegenschnitt. (Quelle: *Kill Bill Vol. 2.*)

Abb. 24: Normalsicht mit verschiedenen Bildebenen. (Quelle: *Kill Bill Vol. 1.*)

Abb. 25: Fokus auf Mimik durch Großaufnahme. (*Quelle: Kill Bill Vol. 1.*)

Abb. 26: Untersicht des Gegenangriffs. (Quelle: *Kill Bill Vol. 1.*)